O PODER DA FÉ

EDITORA EME

Edição e distribuição:

EDITORA EME

Caixa Postal 1820 – CEP 13360-000 – Capivari-SP
Fone/fax: (19) 3491-7000 / 3491-5603
E-mail: atendimento@editoraeme.com.br
Site: www.editoraeme.com.br

José Lázaro Boberg

O PODER DA FÉ

Capivari-SP
— 2006 —

O Poder da Fé
José Lázaro Boberg
3ª edição - fevereiro/2006 - Do 5.001 ao 6.500 exemplares

Capa e Diagramação:
André Stenico

Revisão gramatical e doutrinária:
Celso Martins

Ficha Catalográfica

Boberg, José Lázaro.
O Poder da Fé, José Lázaro Boberg, (1ª edição, julho/2005) 3ª edição, fevereiro/2006, Editora EME, Capivari-SP.
176 p.
1 - A fé – Estudo e reflexões espíritas
2 - O poder da fé – Espiritismo

CDD 133.9

Confia sempre

Não percas a tua fé entre as sombras do mundo.

Ainda que teus pés estejam sangrando, segue para frente, erguendo-a por luz celeste acima de ti mesmo.

Crê e trabalha.

Esforça-te no bem e espera com paciência.

Tudo passa e tudo se renova na Terra, mas o que vem do céu permanecerá.

De todos os infelizes, os mais desditosos são os que perderam a confiança em Deus e em si mesmos, porque o maior infortúnio é sofrer a privação da fé e prosseguir vivendo.

Eleva, pois, o teu olhar e caminha.

Luta e serve. Aprende e adianta-te.

Brilha a alvorada além da noite.

Hoje, é possível que a tempestade te amarfanhe o coração e te atormente o ideal, aguilhoando-te com a aflição ou ameaçando-te com a morte.

Não te esqueça, porém, de que amanhã será outro dia.

Meimei (Chico Xavier)

Agradecimentos

Aos companheiros, José Aparecido Sanches, Eloy Strauch, João Maria Martins, Terezinha Bertozzi, Sônia Marta Mello de Toledo e Marcos Antonio Coelho de Oliveira, que compõem há anos o nosso "Grupo de Estudos" – nosso verdadeiro laboratório de parturição de idéias, onde as obras do Espírito Emmanuel – Caminho, Verdade e Vida, Pão Nosso, Vinha de Luz, Fonte Viva, Livro da Esperança, Segue-me e Palavras da Vida Eterna – e Allan Kardec – Obras básicas – são estudadas, e cujos textos constituem-se em fontes de inspiração e meditação para elaboração das nossas obras.

Aos leitores de nossas obras anteriores – Nascer de Novo para ser feliz e Prontidão para Mudança – Uma conquista pessoal, pelo incentivo e manifestação de carinho, no sentido de se continuar anotando em livros as nossas idéias.

À minha esposa Maria Luiza pelo estímulo, sempre presente, no trabalho de elaboração do livro.

A todos eles dedico com carinho esta obra.

Sumário

Prefácio

Ao me enviar, pelos correios, estes textos caprichosamente escritos, o autor por gentileza, me pede um prefácio. E eu, abelhudo, que lhe sugeri nas páginas adiante, algumas insossas inserções citando fatos colhidos à vida real, simplesmente agora leio um excelente livro antes de o povo o ler e nele se esclarecer. Nele muito aprendi, e à guisa de prefácio (escrito depois, impresso e estampado antes e, segundo Pitigrilli, não é lido nem antes nem depois), apenas incluo o que está em nosso *Mensagem de Esperança* – Editora EME – e ali assim expus:

CARTA A UM DOENTE

Emmanuel, o orientador espiritual do médium mineiro Chico Xavier, forneceu-nos um livrinho de bolso muito consolador, de título DEUS SEMPRE. Pois bem, deste opúsculo tão reconfortante vou extrair uma lição onde aparece esta exortação para todos nós:

Tempo de provação
Recorda sombra espessa.
Entretanto, não tema,
Pensa em Deus e confia.
Trovões ameaçadores
Podem rugir à noite.
Forças da tempestade
Atritarão nos céus.
Mas Deus vela e te guarda,
Descansa na oração.
O fim de cada noite
É sempre o amanhecer!

Caro leitor que por acaso esteja doente: Não perca nunca a fé em Deus. Deposite nele toda a sua esperança, toda a sua confiança em dias melhores. O Senhor jamais o deixou desamparado. Ele está sempre ao seu lado, dando-lhe o melhor de seu próprio bem. Através do médico – Deus está presente curando o seu corpo e a sua alma. Portanto, nada de exasperação nem de desespero! Paulo de Tarso, em sua Epístola aos Efésios, capítulo III, versículo 20, afirmava ser Deus poderoso para fazer infinitamente mais do que tudo quanto pedimos, ou pensamos, conforme o seu poder que opera em nós.

Não sei se você sabia que a energia emitida por uma pessoa em oração já foi medida por um sensível aparelho elétrico pelo cientista Dr. J. Sowell; e revelou-se superior à emitida por uma das poderosas emissoras de rádio dos Estados Unidos.

Harold Shermann, parapsicólogo norte-americano, notável autor dos livros Wonder Healers of the Philipines (Maravilhosos Médicos das Filipinas) e How to Make ESP-Work for Us (Como Fazer a Percepção-Extra-Sensorial Trabalhar pra Nós) – relata que, certa ocasião, estava em um hospital com um dedo gangrenado em tão dolorosa situação que um simples roçar de vento o incomodava terrivelmente. O médico que o atendia delicadamente veio dizer-lhe que, se dentro das próximas 24 horas a inchação não cedesse, teria que ser amputado aquele pé.

Shermann então declarou ao médico:

— O senhor sabe que eu me dedico a estudar a mente e suas faculdades. Sei que se eu puder concentrar em meu pé e imaginá-lo como estava antes de ficar doente, então poderei curar-me. Há dias que venho fazendo isto. Mas a dor me impede de melhor concentração. Acho que necessito de uma ajuda exterior. Poderia então o senhor, quando chegar em casa, lá pelas 10 horas da noite, pensar durante uns 15 minutos no processo natural que necessita o meu pé para curar-se?

E Shermann insistiu:

— Eu lhe suplico isto, doutor. Mas não dizer-me SIM agora, só para me agradar; e não fazer o que lhe peço, depois...

Uma enfermeira que ouviu este diálogo angustioso, prometeu também concentrar mentalmente às mesmas horas. O doente declara ter feito um grande esforço na hora marcada, porém, na terceira tentativa conseguiu seu intento e, devido ao esforço mental que despendeu, acabou dormindo.

Qual não foi sua gratíssima surpresa, na manhã seguinte, ao despertar, observar que os sintomas da gangrena haviam desaparecido e o pé estava em franca recuperação.

Todos nós conhecemos o presidente norte-americano Eisenhower, que fora antes, na II Guerra Mundial, o General-Comandante das Forças Aliadas na Europa. Pois bem, em criança, Eisenhower feriu também a perna e a ferida gangrenou. O médico que o consultou não pensou duas vezes em recomendar a cirurgia. Porém a operação não foi feita por que o menino Ike fugiu de casa, curando-se graças às preces que a família passou, depois a fazer, ao pé de seu leito, por recomendação do avô que era, por sinal, pastor evangélico.

Dr. Aléxis Carrel, autor do famoso livro *L'Homme, Cet Inconnu* (O Homem, esse Desconhecido), detentor inclusive de um Prêmio Nobel, chegou a garantir textualmente essas palavras:

> *"A prece é a mais poderosa forma de energia que podemos gerar. É uma força real como a da gravidade terrestre. Como médico, vi homens, depois que todas as terapias haviam fracassado, libertarem-se pelo esforço sereno da prece, da doença, da melancolia, do sofrimento. A prece é uma fonte luminosa, autogeradora de energia. Através dela, a criatura humana pode aumentar a sua limitada energia, dirigindo-se à origem infinita de toda Energia. Quando oramos ligamo-nos ao inexaurível poder que faz girar o Universo".*

Portanto, caro leitor que talvez esteja doente, nada de esmorecimento. Nada de desânimo. Mantenha acesa a chama de sua fé em Deus. Lembremo-nos de que Jesus, nosso amigo invisível de todas as horas, está a lhe dizer sempre: Tudo aquilo que pedirdes na prece, crede que havereis de receber e assim vos será concedido.

Victor Hugo costumava dizer que certos pensamentos são orações; há momentos em que, qualquer que seja a posição do corpo, a alma poder estar de joelhos. Rezar, afirmava o grande romancista francês, é colocar-se em contato infinito debaixo com o infinito de cima, através do pensamento.

Com efeito, a fé, brotada do fundo do coração, consegue remover as dificuldades da vida; ou, pelo menos, dar-nos-á forças para que possamos suportar as mesmas dificuldades que ali estão para o nosso burilamento íntimo e para o nosso progresso moral.

Que as bênçãos de Deus encham de paz e tranqüilidade os nossos corações, hoje e sempre!

Celso Martins
Primavera - Rio de Janeiro-RJ

Introdução

O objetivo desta obra é o de trazer o resultado de nossas reflexões, estudos e pesquisas sobre a *fé*, palavra que recebe as mais diversas conotações em função da óptica de cada um. Esse tema sempre nos despertou curiosidade, em razão de suas díspares conceituações; as nossas tomadas de decisões e escolhas, diante dos problemas da vida, identificam, diretamente, a interpretação que fazemos da fé. Instigados pela sua importância no comportamento humano, aflorou-nos, por conseqüência, o forte desejo de desvendar esse sinuoso e incompreensível caminho da fé.

Constata-se que, de início, em razão da maturidade, ainda em seu verdor, somos propensos a aceitar a fé como "algo místico", ligada, tão-somente, à religião. Depois de um certo tempo, contudo, em função da reflexão e experiência na trajetória evolutiva, adquirimos uma visão espiritual mais madura e passamos a entender que ela é inerente a todos os seres.

Antes pensava-se na fé como uma "dádiva" recebida por algumas pessoas privilegiadas. Sabe-se que, na verdade, ela se constitui numa semente plantada em todos os seres, em estado potencial; seu desenvolvimento é gradativo e vinculado à evolução espiritual de cada um. A fé passa, por conseqüência, por diversos graus, e sendo o homem senhor de seu livre-arbítrio, ela se apresenta, no estágio inicial, de forma frágil e vacilante, como ocorreu no pedido em que um pai faz a Jesus para a cura de sua filha doente: "Senhor, eu creio, mas ajuda a minha incredulidade!" (Marcos, 9:24). Paulatinamente, contudo, a fé se amadurece, atingindo níveis elevados, como nos mostra a conduta de inúmeras criaturas que já perfilham a sintonia plena com Deus.

A fé, como princípio universal imanente, caminha para sua maturação, "*pulsando*, segundo Emmanuel, *em todos os seres e vibrando em todas as coisas*". Assim é que, antes de se manifestar no Espírito – dotado do livre-arbítrio – já há, pela mecânica divina, desde os mais ínfimos seres da Criação uma *fé biológica*, que impulsiona todos ao progresso. Chegando ao período hominal, inicia-se a grande trajetória do Espírito na aquisição da fé, que, de início, frágil, chegará através de experiências milenárias, um dia, à conquista da chamada *fé raciocinada*. Daí dizermos que a fé passa por graus ou estágios variados: fé infantil, adolescente e adulta.

Em todos os tempos e lugares do mundo sempre se registrou a ocorrência de "cura pela fé". Não se trata de milagres, mas de fatos naturais, independente de locais considerados sagrados, lideranças espirituais ou de crença religiosa. O budista, o cristão, o muçulmano, o judeu, todos podem obter respostas às suas orações, não por causa do credo em particular, da religião, proselitismo, ritual, cerimônia, fórmula, liturgia, encantamento, sacrifícios ou oferendas, mas unicamente por causa da fé ou da aceitação e receptividade mental daquilo que rezam.

Segundo Murphy, (*Os milagres de sua mente*, p. 100):

"Só existe um princípio universal de cura: A Mente subconsciente; e um só processo de cura: a fé ou a convicção". É imperioso analisar que, o princípio da cura é sempre o mesmo, pouco importando o objeto da fé do beneficiado. Assim, se o paciente diz que se curou por ter tomado "água benta" de determinado local considerado sagrado, ou porque tem fé em determinado santo, ou Espírito, ou porque carrega determinado patuá, relíquia, fitinha do Senhor do Bonfim etc..., o resultado será sempre o mesmo. É a fé que produz os resultados positivos, pois o potencial interior – comum a todas as criaturas – é acionado por esses estímulos exteriores e realiza resultados, que o leigo chama de "milagre".

Em várias manifestações diante dos doentes que se curavam, dizia Jesus: "Faça-se-vos conforme a vossa fé". Com isso, jamais condicionava a cura a algo milagroso realizado por ele, ou a idéia de conexão a determinada religião, mas deixa claro, que ela se vincula à fé, como certeza de conquista interior. Essas curas estavam baseadas na *fé do paciente em si mesmos,* que, diante do chamamento dele, acordavam do estado de dormência e tomavam consciência das faculdades imensas depositadas em gérmen no seu íntimo. Com essa convicção nos seus potenciais internos, dissipavam-se as nuvens negativas de que eram portadores, e a cura se manifestava.

Muito embora o objetivo do Espírito seja o de desenvolver a fé raciocinada, enquanto isso não ocorre, às vezes, a cura pode se dar pela manifestação da *fé cega,* com base numa forte confiança do doente em determinado agente exterior materializado de várias formas: objeto material, santuários sagrados ou em determinadas pessoas. Nesses casos, o doente ao demonstrar fé ardente na sua cura, cria espaço para que se desencadeie o funcionamento do organismo, podendo alterar as secreções glandulares, o conteúdo da corrente sangüínea e produzir outras alterações físicas sem qualquer explicação científica; há um "desbloqueio" mental, diante dos problemas que impediam a plena manifestação do potencial da fé.

Pesquisas científicas têm demonstrado que a fé, como força interior, presente em todos os seres, pode ser ativada por meio de vários mecanismos; um deles é a religião, talvez um dos mais poderosos fatores de despertamento, daí o crescimento cada vez maior das religiões. Vale repetir com Paracelso que: "Quer o objeto de sua fé seja verdadeiro ou falso, os efeitos obtidos serão os mesmos".

À medida do aumento do grau de nossa fé, passamos a confiar mais em nós mesmos, crer nas nossas possibilidades, trabalhar com mais ardor na consecução de nossos sonhos. Nossos "sonhos", quando vitalizados pela fé, na verdade, são orações ao nosso EU divino, em que a força de nosso potencial é acionada em busca da concretização.

Bem, vamos caminhar juntos – sem preconceitos, e libertos de amarras das idéias preconcebidas – e refletir sobre a fé, cuja compreensão, certamente, nos conduzirá a uma vida mais feliz!...

1. Fé: Sabedoria da alma

"Força que nasce com a própria alma, certeza instintiva na Sabedoria de Deus que é a sabedoria da própria vida" (XAVIER, Francisco Cândido, pelo Espírito Emmanuel. Pensamento e Vida, *lição 6).*

Quando se fala em *fé*, a primeira coisa que vem à mente das pessoas é a idéia de *religião*, como se ela tivesse *necessariamente* de estar vinculada a um determinado tipo de crença. Até pode estar, mas não como condição obrigatória, pois em essência, a fé encontra-se em estado latente em todas as criaturas. Assim como o amor – que está em gérmen na nossa intimidade –, a fé precisa, como faculdade da alma, ser desenvolvida pelo esforço pessoal; vale dizer: Ela não cresce de forma milagrosa! É uma conquista de cada um, a ser realizada no longo caminho evolutivo, empregando, para esse objetivo, reflexão e experiência. Seremos sempre os operários na sua construção.

Todos o seres são portadores da sua semente em estágio embrionário, tal como comparou figurativamente Jesus, o Reino de Deus com o grão de mostarda, que, pelo desenvolvimento transformará numa árvore frondosa, onde as aves farão seus ninhos e terão os benefícios da sua sombra. De forma análoga, a fé foi comparada a este grão de mostarda, constituindo-se num depósito potencializado na semente divina, que precisa ser cultivada, pela atuação do ser, por um ato de vontade, desabrochando gradativamente até converter-se no Reino de Deus em nós, onde o Espírito em evolução passa a respirar. "É a consciência que ele tem de suas imensas faculdades cujo gérmen nele foi depositado a princípio adormecido e que lhe cumpre no tempo fazer germinar e crescer por força de sua vontade ativa"[1]. Não estamos aqui nos referindo a religião alguma. Estamos citando Jesus, porque foi quem melhor traduziu a idéia de Deus potencializado nas criaturas.

Foi neste sentido, que sendo trazido a Jesus um menino envolvido por entidade perversa e que os seus discípulos não obtiveram êxito na doutrinação daquele Espírito, respondeu a eles, em particular, que "se tivessem fé como um grão de mostarda – a menor semente conhecida das hortaliças –, seriam capazes de remover montanhas" (Mateus, 17:20). Essa expressão *remover montanhas* não pode ser levada ao pé da letra, mas no sentido moral, quer dizer, com significado de vencer uma grande dificuldade, conforme a declaração de Isaías: "Embora as **montanhas** se desviem (...), contudo o meu constante amor não será desviado de ti (...)".[2] Na mesma linha, Paulo de Tarso – o mesmo São Paulo, da Igreja católica –, no seu grande poema do amor: "(...) Ainda que eu tivesse toda a fé, de maneira tal que transportasse os **montes** e não tivesse amor nada seria". [3]

São também *montanhas* os preconceitos rotineiros, o interesse material, o egoísmo, a cegueira do fanatismo, as paixões orgulhosas.[4] E completando, ensinou o Cristo que "se tivésseis fé como um grão de mostarda, diríeis a essa montanha: transporta-te daqui até lá, e ela se

---

[1] KARDEC, Allan. *O Evangelho segundo o Espiritismo*. Cap. XIX, item 12.
[2] Isaías, 54:10.
[3] I Coríntios, 13:2.
[4] KARDEC, Allan. *O Evangelho segundo o Espiritismo*. Cap. XIX, item 2.

transportaria e nada vos seria impossível"[5]; o significado desta afirmação é que para aqueles que têm fé, mesmo que seja mínima, poderão realizar coisas que parecem impossíveis. Em outras palavras, se cada um se convencer do potencial – força para vir a ser –, de que é possuidor, conseguirá realizar coisas extraordinárias, sem apelar por "prodígios" ou "milagres", pois, trata-se de um desenvolvimento da própria faculdade humana, em gérmen em todos os seres. Quando diz o Mestre – referindo a essa força interior de que somos dotados –, que "podemos fazer tudo o que ele fez e muito mais" (João 14:12), muita gente, sem compreender o sentido dessa força interior, costuma dizer: – "Mas isso é impossível!" Ora, ele só conseguiu a superioridade espiritual percorrendo os mesmos caminhos da Humanidade, ao longo das reencarnações, que todos nós temos que andar. Portanto, nada de privilégios!

E na mesma linha de raciocínio, a americana Erin Blockovich[6] – vencedora de uma famosa ação judicial nos Estados Unidos –, pela sua história de coragem e persistência, ao ser entrevistada pela revista Veja, sobre sua fé, na causa que perseguira e vencera, responde: "A atitude de cada um de nós faz toda diferença e pode **mover montanhas (grifamos)**. Se uma pessoa ousa dizer: – *Isso está errado, e eu posso mudar essa situação*, outras se sentem estimuladas a seguir o mesmo caminho. Quando você se dá conta, já criou um movimento poderoso. Muitas vezes não temos consciência do tamanho de nossa capacidade. Ela geralmente é muito maior que imaginamos. Mas

---

[5] Mateus, 17:20.

[6] A americana Erin Blockovich – vencedora de uma ação judicial contra uma empresa de dejetos que estava contaminando com substâncias tóxicas a água de uma população de uma pequena cidade da Califórnia – teve sua vida contada em filme, no ano 2000, que leva o seu nome e deu um "Oscar" a Julia Roberts pela interpretação no papel que retratou sua trajetória de tenacidade e fé. (Veja, p. 11, edição 1869, Editora Abril, 1.° de setembro de 2004).

primeiro precisamos aprender a gostar mais de nós mesmos e acreditar que somos capazes de realizar qualquer coisa que tenhamos coragem e confiança para ousar e fazer o que **parece impossível (grifamos)**. Se pensamos assim, mesmo em caso de fracasso vamos tentar novamente até atingir nosso objetivo".

Atente-se que, em nenhum momento, nas citações acima, aplicou-se a fé, no sentido religioso, mas como uma força interna, um princípio latente da alma, cabendo, portanto, a cada criatura por esforço próprio, isto é, por um ato de vontade fazer desabrochar esta *semente da alma*. "A confiança do homem em suas próprias forças, o torna capaz de realizar coisas materiais que não se pode fazer quando se duvida de si mesmo"[7]. Ratifica-se, nesse entendimento que ela não é produto de uma "graça especial" concedida a alguns privilegiados, de determinada religião. É um princípio universal potencializado em todos os seres, sem distinção de qualquer natureza. O Espírito Emmanuel conseguiu, com sabedoria definir a fé como "força que nasce com a própria alma, certeza instintiva na Sabedoria de Deus que é a sabedoria da própria vida".[8]

Convenhamos que, por maior esforço que façamos, numa única existência não se tem condições de dar pleno desenvolvimento a este princípio da alma chamado "fé". Quando o Espírito viaja para outra dimensão pela libertação do veículo físico, leva consigo aquilo que é seu, em termos de evolução e de vícios. De retorno ao mundo físico, pelas bênçãos do renascimento, tem que dar seqüência ao desenvolvimento da fé, que será sempre fruto de um esforço contínuo, pois sua conquista eleva a alma em paz e felicidade.

---

[7] KARDEC, Allan. *O Evangelho segundo o Espiritismo*. Cap. XIX, item 2.
[8] XAVIER, Francisco Cândido, pelo Espírito Emmanuel. *Pensamento e Vida*, p. 32.

2. *Vontade a serviço da fé*

"A vontade é a gerência esclarecida e vigilante, governando todos os setores da ação mental". (XAVIER, Francisco Cândido, pelo Espírito Emmanuel. Pensamento e Vida, *p. 17).*

No entender de Emmanuel, a mente humana pode ser comparada a um grande escritório dividido em vários departamentos. Na empresa temos o Administrador Geral e os vários setores, cada um administrado por um funcionário, que responde perante à chefia por determinado tipo de serviço. O sucesso do empreendimento vai depender do comando desse Administrador, que expressa a *vontade* geral. Na Mente humana, de forma análoga, a *vontade* é a gerência que administra todos os departamentos da alma. A fé, entre tantos potenciais, é um deles. O destino de cada um é sempre o resultado das decisões tomadas por cada um no comando da vida. "Se todos os encarnados se achassem bem persuadidos da força que em si trazem, e se quisessem pôr a *vontade* a serviço dessa força, seriam capazes de realizar o que, até hoje, eles chamaram prodígios e que, no entanto, não passa de um desenvolvimento das faculdades humanas". [1]

[1] KARDEC, Allan. *O Evangelho segundo o Espiritismo*, cap. XIX, item 12.

Assim sendo, a fé, que é um princípio latente no Reino Interior de todas a criaturas, não se desabrochará de forma espontânea, mas dependerá sempre da ação da *vontade* do agente. Quando se diz que em determinado lugar, segundo aparelhos apropriados se detectou a existência de um "veio d'água", é preciso fazer escavações até encontrar o potencial aqüífero. Uma vez encontrado, ela emerge até à superfície servindo o homem nas suas necessidades. Se não houvesse o esforço dos trabalhadores na busca, a água lá permaneceria em estado potencial. É de forma semelhante que acontece com o princípio da fé. Ela nunca virá gratuitamente; ela é o resultado da *vontade* de cada ser, que acionará o dínamo interior, para que produza a energia necessária no momento adequado. Esse "querer", *desperta* o departamento mental chamado fé, que, por força da *vontade* colocará em atividade um impulso energético na busca do alvo desejado. Muitas curas ocorrem desta forma, não por força do exterior, mas por fé da pessoa em si mesma. Sob esta óptica que devemos interpretar o ensinamento de Jesus: "Tudo é possível àquele que crê!" Poderíamos dizer em outras palavras: Tudo é possível àquele que deseja ardentemente a consecução de determinado objetivo. Aquele que deseja, se predispõe de uma *vontade* firme, seguindo em frente com fé (coragem) para que seu objetivo seja alcançado.

Em várias passagens dos Evangelhos encontramos sob a visão dos Evangelistas verdadeiros "milagres" materiais, que teriam sido operados por Jesus; na realidade não houve, em momento algum, derrogação de nenhuma lei da Natureza; foram efeitos naturais que, pelo enorme potencial de bondade e de amor, de que era detentor, fazia desencadear pela vontade do próprio paciente, forças inimagináveis que eram interpretados como "milagres" materiais. No entanto, o que Jesus demonstrou, por esses fatos inusitados à vista da multidão, "o que pode o homem, quando tem fé, isto é, *a vontade de querer* e a certeza de que essa *vontade* pode obter satisfação" [2]. É pela força da fé que se produzia curas e fenômenos singulares, que sem a maturidade para entender eram qualificados, outrora, de milagres. Vários apóstolos, na esteira desse entendimento, também em determinados momentos, conseguiram operar esses milagres, mas há de se interpretar por efeitos naturais, até então desconhecidos pelos homens, mas que o Espiritismo explica pela aplicação dos fluidos.

Nos casos em que ele fez voltarem à vida *Lázaro*, já há dias morto e estava mal-cheiroso, *a filha do centurião* romano Jairo e o *filho adolescente* da pobre viúva da cidade de Nain – Jesus, com sua visão, digamos paranormal –, apenas *reativou* os laços do Espírito que estavam quase rompidos, tirando os três citados do estado de letargia, que a Medicina atual já conhece e estuda... O corpo entra em sono profundo semelhante à morte.

Quanto às curas de muitos leprosos, é possível que alguns tivessem *psoríase* (de causa emocional) ou outra *dermatose* (doença de pele), não necessariamente a velha *lepra*, atual *hanseníase*, hoje, curável! Ou ainda alguma *alergia cutânea* pelo roçar de certa veste na pele. Ou também a *falta de vitamina B2*, que tem a *pelagra* como conseqüência por falta de alimentos verdes, ovos, frutos, daí saindo a *dermatose*, a *diarréia* e até a *demência*, razão pela qual se diz "doença 3-D" (dermatose, diarréia e demência).

Jesus incentivava seus discípulos a colocar em ação essa força interior, dizendo que: "Se tivessem fé do

[2] Ibid.

tamanho de um grão de mostarda seriam capazes de remover montanhas". Não se trata de "crença" ou de "fé religiosa", mas fé no potencial que cada um é portador. É a confiança de que as coisas acontecerão conforme os nossos desejos. Veja-se, a título de exemplo, a conhecida passagem do Centurião de Cafarnaum[3], que desejava ardentemente a cura de um criado seu, que estava paralítico em sua casa, e buscou Jesus. No diálogo, pedia apenas uma palavra sua, uma ordem e tinha absoluta certeza que iria ocorrer a cura; argumentando com Jesus, disse que, como homem de autoridade em Israel e junto aos seus subalternos, suas ordens eram atendidas. Que ele desse essa ordem. Ao que respondeu: "Em verdade vos digo que nem mesmo em Israel encontrei tanta fé (...) Vai! E seja feito conforme a tua fé". Consta nas anotações de Mateus, que na mesma hora o seu criado ficou curado. Aqui ocorreu um fato interessante: Jesus mostrou ao Centurião que de acordo com sua *vontade* a cura poderia ocorrer. E se o paralítico (certamente, carregava algum desequilíbrio psicossomático) voltou à normalidade, segundo o texto, porque ele recebeu à distância a força energética do Centurião, que fez desencadear *em si mesmo* o processo de cura.

Também Paulo – o São Paulo da igreja católica –, em suas Cartas, muito exortou sobre a fé. Veja-se, por exemplo, em Romanos, quando adverte: "Tens tu fé? Tens-na em ti mesmo diante de Deus" [4]. Não basta ter fé em Deus e ficar aguardando que algo aconteça, milagrosamente. É preciso ação, colocando pela força da *vontade* a dinamização da fé na busca dos anseios almejados. É necessário que cada um desenvolva pelo

---

[3] Mateus, 8:5-13.

[4] Romanos, 14:22.

comando da *vontade* a confiança em si mesmo. Neste sentido, asseverou Jesus[5]: "Pedi, e dar-se-vos-á; buscai, e encontrareis; batei, e abrir-se-vos-á". Orientação semelhante encontramos em Emmanuel: "Na esfera de cada criatura, Deus pode tudo; não dispensa, porém, a cooperação, a *vontade* e a confiança do filho para realizar. Um pai que fizesse, mecanicamente, o quadro de felicidades dos seus descendentes exterminaria, em cada um, as faculdades mais brilhantes".[6]

Todos nós estamos em processo de evolução e cada um é responsável pelo desenvolvimento de seu patrimônio espiritual, confiando em si mesmo, pois, em última análise é confiança na nossa Força Interior, no motor de nossa existência, seja lá a interpretação que temos de Deus: Fonte Divina, Inconsciente, EU Superior, Eterna Sabedoria etc... Ele está sempre em nós e *nele nos movemos e existimos*"[7]. Podemos sim, estar sem a sintonia com esta Força, mas ela está sempre à nossa disposição, desde que ofereçamos as condições de conexão.

---

[5] Mateus, 7:7.

[6] XAVIER, Francisco Cândido, pelo Espírito Emmanuel. *Caminho, Verdade e Vida*, lição 14.

[7] Atos, 17:28.

3. A fé está presente em tudo

"Palpita em todos os seres, vibra em todas as coisas". (XAVIER, Francisco Cândido, pelo Espírito Emmanuel. Pensamento e Vida, *p. 32).*

Na elaboração de *O Livro dos Espíritos*, Kardec distingue: espírito (**e**, com letra minúscula), de Espírito (**E**, com letra maiúscula) para dar perfeita ordem à exposição das idéias trazidas pelos Instrutores Maiores. Assim que, nesta exposição, em resposta à questão n.º 23, informam-nos que: "o espírito é o princípio inteligente do Universo", e na questão 76, esclarecem que: "os Espíritos são seres inteligentes da criação". À primeira vista, o leitor pode imaginar que há uma contradição nas respostas. No entanto, analisando com mais precisão, constata-se que a resposta está perfeita.

O *princípio inteligente* habita todos os seres da Natureza, desde os seres iniciantes da criação, passando por todas as escalas, até atingir a idade da razão, despertando-se no homem. Já os seres inteligentes, na condição de Espíritos, são detentores do *princípio inteligente*, mas já individualizado. Informam os Benfeitores Espirituais, que: "Tudo se encadeia na Natureza, do Átomo primitivo ao Arcanjo, que também começou sendo Átomo"[1]. E dizem mais: "Antes de entrar

[1] KARDEC, Allan. *O Livro dos Espíritos*, Q. 540.

no período da humanização, isto é, transformar-se em Espírito, *o princípio inteligente* vai se elaborando lentamente, numa série de existências anteriores; há um *ensaio*, sendo que o ser humano, por conseqüência, é o resultado de um longo processo de maturação do *princípio inteligente* que estagiou e evoluiu nos reinos inferiores da Natureza, passando de uma ordem inferior para o estágio da razão e do livre-arbítrio. Nesse ponto passa a ser considerado Espírito – criado *simples e ignorante* –, e que vai percorrer a longa trajetória em busca do ápice da Perfeição" [2].

Mas o leitor poderá estar perguntando, o que tem esta exposição com o trabalho que ora se desenvolve sobre a fé? Vamos ao raciocínio. Quando os seres da Natureza, no processo evolutivo, *ensaiam* para a necessária transformação, antes de se chegarem ao período hominal, são eles dotados do *princípio inteligente* – semente divina –, que pela progressividade, vai maturando gradualmente, através das experiências milenárias, e a fé, como princípio imanente, do mesmo modo, caminha para sua maturação, *pulsando em todos os seres e vibrando em todas as coisas*. De acordo com as tradições milenares – tese defendida pelo consolidador do Espiritismo, Léon Denis – com relação à evolução geral, *a alma dorme na pedra, sonha no vegetal, agita-se no animal e acorda no homem*. Para sua manifestação o *princípio inteligente*, desde os começos da Criação, precisa de um "corpo", algo que possibilite sua manifestação na matéria, ou seja, de um corpo semimaterial: O perispírito.

Há em todos os seres – desde o inferior na escala evolutiva –, uma Força Interior, ainda inconsciente, que

---

[2] Vide comentários do autor, sobre o assunto, no livro *Nascer de Novo*, p. 94, publicado por esta Editora.

os conduz na realização dos atos necessários no cumprimento da programação a que estão destinados. Emmanuel, referindo-se a fé em gérmen no íntimo de todas as criaturas, afirma que ela "nasce com a própria alma, certeza instintiva da Sabedoria de Deus, que é sabedoria da própria vida". E ao completar o raciocínio, o luminar Espírito, não fica adstrito à idéia da fé, como algo "pronto" no homem, mas produto de longa caminhada através dos milênios, em que a Força Divina em estado latente, expressa-se "palpitando em todos os seres, vibrando em todas as coisas".

Partindo do princípio que a *fé palpita em todos os seres e vibra em todas as coisas*, todas as operações da existência, de alguma forma, se desenvolvem, sob a energia da fé. Vale dizer: São dotados deste *princípio inteligente*, embora manifestado ainda, por automatismos comportamentais. Só, posteriormente, através de existências milenares, chega-se à escala humana que é o resultado de um longo processo de maturação desse princípio espiritual.

Referindo-se a esta mecânica divina, que está presente em tudo, Emmanuel, ensina que ela:

· Mostra-se no cristal fraturado que se recompõe, humilde.[3]

Para Gabriel Dellane, "O cristal é quase um ser vivente, visto que ele difere completamente da matéria amorfa, tendo as moléculas orientadas por uma ordem geométrica, fixa, e, portanto, uma tal ou qual individualidade. Nele existem os primeiros lineamentos da reprodução, visto como a mínima de suas parcelas,

[3] DELANNE, Gabriel, *O Espiritismo Perante a Ciência*, p.185 – 186.

mergulhada num soluto idêntico permitirá o desenvolvimento regular e indefinido dessa partícula, constituindo um cristal semelhante ao primeiro". Por outro lado, Hernanni T. Santana, in *Notações de um Aprendiz*, p. 88, FEB, ensina que "(...) Os cristais são a primeira morada terrena do Princípio espiritual em formação (...)".

· Revela-se na árvore decepada que se refaz, gradativamente, entregando-se às leis de renovação que abarcam a Natureza;

· Confia o campo no vigor da primavera e cobre-se de flores;

· Fia-se o rio na realidade da fonte, e dela não prescinde para a sua caudal larga e profunda;

· Tal como a simples refeição que é, para o homem, espontâneo ato de fé. Alimentando-se, confia ele nas vísceras abdominais que não vê.

Fazendo alusão, ainda, a esse princípio de que a *fé palpita em todos os seres e vibra em todas as coisas*, e que todas as operações da existência, de alguma forma, se desenvolvem, sob a energia da fé, a *folhaequilíbrio*, da Folha de São Paulo, traz na reportagem "De olho no futuro", o seguinte questionamento: Por que determinadas árvores liberam suas folhas no outono e no inverno? Eis a resposta: "Por sabedoria. Nessas estações, como o dia é curto e as temperaturas são mais baixas, as plantas não se desenvolvem plenamente. Assim, diz a botânica Helenice Mercier, elas "preferem" perder parte das folhas e armazenar energia no caule.

"Poupam energia com as folhas adultas, já **pensando (grifamos)** no nascimento de novas folhas", diz a botânica". [4]

Quando Jesus recomenda aos discípulos: "Olhai para as aves do céu; não semeiam, não colhem, nem ajuntam em celeiros, e, contudo vosso pai celestial as alimenta"; "(...) observai como crescem os lírios do campo. Eles não trabalham, nem fiam"[5]; procura acalmar os discípulos diante da ansiedade, manifestada por serem portadores ainda, segundo Jesus, de *pouca fé*. Mostra-nos, de algum modo, a presença da energia da fé em todos os seres, pois o relógio da Natureza toca o despertador no momento certo: – As aves, nas suas manifestações, espontâneas, cantando e alegrando a vida, edificam o próprio ninho, cumprem os desígnios de Deus; a flor, embora não exerça atividades racionais, executa o papel, que lhe está programado na ordem divina, emanando o seu perfume, enfeitando a Natureza. Em tudo, de certa forma, há a manifestação da fé. O homem, todavia, precisa trabalhar para conseguir o seu sustento, desenvolvendo, por conseqüência, a inteligência, apurando os sentimentos e na busca deste intento, aperfeiçoa a fé.

Concluindo, entendamos, que a fé sendo manifestação da vontade não é algo pronto, acabado, e que foi dada a determinadas criaturas privilegiadas por Deus. Ela é conquista do Espírito através das múltiplas experiências, num processo lento e gradativo, de tal sorte que quando encontramos um "homem de fé vigorosa", compreendamos que detrás desta serenidade, muitas lutas foram travadas consigo mesmo, em processo de erros e acertos até a pureza de sentimentos. E por isso, de início a fé é frágil e só no decorrer dos tempos ela amadurece.

---

[4] Folha de São Paulo, *folhaequilíbrio*, 18/03/04.

[5] Mateus, 6:26 e 28.

4. Os estágios da fé

"A fé, a princípio, está em estado latente". (KARDEC, Allan, O Evangelho segundo o Espiritismo. *Cap. XIX, item 12).*

A fé pode ser cega ou racional de acordo com o estágio em que se encontra a criatura no seu processo evolutivo. Todos os seres passam por estágios ou etapas e, à medida que amadurecem, vão naturalmente, mudando de uma situação de crença cega, para a de raciocínio lógico. Mas isso não ocorre de forma brusca, instantânea, como se conseguíssemos "apagar" uma mensagem de um computador e substituí-la por outra. O que foi gravado, contudo, em nosso comportamento é fruto de muitas experiências acumuladas em nossa trajetória, utilizando, para isso, informações adquiridas em nosso relacionamento social, destacando a presença marcante dos pais, das religiões, da educação formal etc.

Tomemos, a título de exemplo as anotações de Mateus[1], sobre a cura, quando um leproso se encontra com Jesus e, após adorá-lo, diz: Senhor, se quiseres, podes tornar-me limpo. Jesus estendeu a mão, e o tocou. Dizendo: "Quero, sê limpo!" E imediatamente ele ficou limpo da lepra. Conforme o estágio de fé em que se

[1] Mateus, 8:2-3.

encontra o ser – infância, adolescência e adulta – teremos interpretação distinta.

No estágio primeiro do Espírito – **da infância** – tem-se a fase da aceitação sem qualquer questionamento. Neste, por questão de imaturidade psicológica, se aceita de forma passiva as informações sem discutir. Isto quer dizer: as criaturas não pensam ainda "por si mesmas", são conduzidas facilmente pelas orientações de líderes, acatando-se como "verdades", às vezes, evidentes "absurdos". Saliente-se que a fé infantil pode ser identificada mesmo em intelectuais que, apesar de titulação acadêmica, se encontram na infância do espírito. Estão ainda presos no "acreditar". Não adquiriram ainda a noção de separar o falso do verdadeiro.

Disse-nos, Jerônimo Mendonça – O Gigante Deitado – em certa ocasião, quando comentávamos sobre a fé dogmática de certas crenças religiosas: "Professor, eles são ainda crianças espirituais!" De fato, referia-se o amigo querido, àqueles que ainda não atingiram o nível de entendimento para discernir com a razão. "Se acredito no que alguém diz, sem pedir provas, demonstro fé na pessoa. Essa fé recebe geralmente o designativo de *fé do carvoeiro*, ou do homem *crente* que, por não saber nada, acredita em tudo o que lhe dizem, sem capacidade de raciocinar por si: é a fé do simplório e do ignorante **de espírito (acrescentamos)**, exaltada em certos círculos humanos como virtude máxima, e até como condição essencial e única para a criatura *salvar-se*" [2].

Para aqueles que se encontram ainda nesta fase pueril, os fatos extraordinários ocorridos com a participação de Jesus, são sempre interpretados por "milagre". Não ousemos questionar, pois respondem de

[2] PASTORINO, Carlos Torres. *Sabedoria do Evangelho*, vol. 1, p.102.

pronto, que a Bíblia é "Palavra de Deus", e o Senhor é poderoso. Se está no texto bíblico na ordem de Jesus, "*Quero, sê limpo*", houve uma cura instantânea. Sem falar que, equivocadamente, para muitos Jesus é o próprio Deus!

Dada a impossibilidade de em uma única experiência de vida adquirirmos a maturidade do Espírito, encontramos pessoas que passam a existência toda – e sabemos lá quantas outras – nesta dependência, sem possibilidades de passar para a fase seguinte da fé, pois ainda são passivas e não conseguem avançar mais, por questão de "prontidão" para o entendimento. Saliente-se, é óbvio, que isto não é permanente. Dia virá que, no tempo certo, haverá, naturalmente, o "*insight*", isto é, o despertamento. E a criatura dirá: Como não tinha pensado nisto antes? É que o seu mecanismo psicológico não estava ainda em condições de penetrar em a natureza do fato. Explica-se esse fato, pela expressão tão comum no Espiritismo, que diz: " (...) a Natureza não dá saltos!"

No estágio seguinte da fé – a da **adolescência** –, a criatura já não mais aceita as informações que lhe são passadas, passivamente. Entra a fase da dúvida. A adolescência caracteriza-se por uma série de mudanças psicológicas, onde se manifestam atitudes de rebeldia e de questionamento a tudo aquilo que até então era aceito sem qualquer dúvida. Para os líderes religiosos, o "crente", nesta fase evolutiva, está se desviando da "Palavra de Deus" e, certamente, se apela para o demônio – algo exterior e perverso – que está assediando a rebelde criatura. Está precisando de oração! Na verdade, a fé cega passa a ser questionada. E não há volta, tal qual o aluno que conquistou um título acadêmico e ser forçado voltar a pensar como àqueles das séries iniciais, por ser inerente à maturidade do ser espiritual em trajetória evolutiva.

Nesta fase, a criatura coloca em dúvida se realmente

houve um milagre, na ordem de Jesus: "Quero, sê limpo!", ou se tal cura é apenas um fato natural. Teria havido uma predisposição interna no doente, pelo mecanismo da fé, que desencadeou a FORÇA DIVINA em seu interior? Jesus em outros fatos desta natureza, sempre respondeu: "Tua fé te curou!".

Muitas são as "verdades" aceitas, sem contestação, na fase da fé infantil, como: "ressurreição do corpo físico", "concepção por milagre do Espírito Santo", "abertura do mar por Deus para que "Moisés" passasse com o seu povo", a história de "maná cair do céu", a transformação da "água em vinho"[3], e tantos outros fatos aceitos por ato de "milagre", são colocados em dúvida. A evolução do Espírito leva o ser a buscar outros valores ético-morais, pois passa a colocar dúvida e tirar a "venda" que lhes colocaram nos olhos. Já não aceita pacificamente, a idéia de que existem "milagres", venha de quem vier; busca-se a verdade em contraposição a fé cega. Há um despertar da espiritualidade, pois a dúvida, conduzindo a uma maior "reflexão", leva a criatura, naturalmente a construir uma nova etapa de crescimento. Nesta fase, há muitas angústias, ansiedades, pois, trata-se de quebra de "leis internas" construídas ao longo de milenares existências. Às vezes, fica-se sozinho, sem respaldo, dos antigos amigos, dos líderes, da aprovação da família. Mas este é o caminho necessário, rumo ao grande destino evolutivo de todos, o qual ninguém deixa de alcançar!... Todos os grandes líderes espirituais, de todas as épocas que avançaram no seu tempo, sofreram as agruras da incompreensão por parte daqueles que ainda permanecem na retaguarda. Por exemplo maior – Jesus!

---

[3] Por que o primeiro milagre só foi narrado por João, então adolescente? Mateus não viu esse milagre?... Pedro não teria visto e contado em casa ao sobrinho Marcos? E Lucas, que foi médico de Maria, não sabia do fato? Sai dessa?

O terceiro estágio é o da **fé adulta**. Essa construção ao longo dos tempos é fruto de uma maior maturação do Espírito, que, paulatinamente, diante da aceitação cega, em certo momento, coloca a dúvida, para finalmente, culminar com a fé, como algo inerente à criatura, depositária da semente da Fonte Eterna na consciência. Nesta fase, compreendem que não houve milagre algum, na ordem: "Quero, sê limpo!", Jesus, Espírito altamente luminoso, detentor de poderosa força divina interior, diante da manifestação vibrante de fé do doente, com a força de sua palavra emanou de si uma poderosa descarga de energia, que contatando com o cérebro do doente, normalizou o mecanismo de funcionamento de seu potencial e viu-se curado naquele instante.

Informe-se que, em razão do desconhecimento científico, a tradução grega da lepra abrangia qualquer doença inflamatória de pele, tais como a psoríase e a impigem.[4] É possível que a doença fosse de origem psicossomática; Jesus representava naquele momento o estímulo desencadeador, a grande esperança para o processo de cura pelo próprio doente. O Mestre não curou ninguém, pois toda cura, ele imputava à fé da pessoa, dizendo: "A tua fé te curou !".

Entendem os que alcançaram a fase adulta da fé, que não mais precisam estar presos à idéia de "crenças", para que a fé se manifeste. É o encontro do ser com o seu Criador em "secreto" nos aposentos da alma, sem as algemas das religiões. Esta fé madura – diremos –, é exteriorização da *fé divina*, não necessariamente *fé religiosa*, tão manipulada pelos interesses de chefes religiosos, em escravizar os fiéis por meio do medo, da culpa e do castigo. Por sermos dotados do livre-arbítrio não existem

---

[4] MOUCE, Robert H. *Novo Comentário Bíblico Contemporâneo*, p. 81.

erros, mas apenas lições necessárias ao aprendizado. Aliás, quando erramos estamos aprendendo a encontrar o certo, pois eles fazem parte do processo do crescimento. Esta fé madura se materializa no entendimento de que jamais estamos sós, pois fazemos parte de um Todo e que nascemos e renascemos para ser felizes, e que os obstáculos encontrados – longe de ser castigo de Deus – fazem parte do jogo evolutivo.

Saliente-se, todavia, que não importa a fase em que se enquadra o ser humano, em relação à fé – *infantil, adolescente* ou *adulta* –, cada um a manifesta de acordo com o seu grau de evolução; a afirmação de Jesus sobre *fé do tamanho do grão de mostarda removerá montanhas*, ou seja, ainda pequena, dando os primeiros passos, é o suficiente para a realização de coisas extraordinárias. Vale dizer: Como a fé é inerente a todas as criaturas, pouco importando o estágio em que se encontra, sempre produzirá resultados naquele que a coloca em ação. Deus não irá atender apenas aqueles que possuem fé adulta, raciocinada; "Para fazer luz numa lâmpada, não há necessidade de movimentar-se uma usina elétrica e nem mesmo de possante gerador: até uma pilha acende uma lâmpada de 6 *volt*, mas a luz é feita"[5]. Nesse sentido, afirmou Jesus: "Nada é impossível ao que crê". Portanto, vá em frente. Não se deixe dominar pelos obstáculos, aparentemente intransponíveis. Todos somos portadores da força interior, muitas vezes desconhecida por nós mesmos. Não importa sua posição social, seu grau cultural, a crença religiosa de sua preferência. Não se coloque na posição de inferioridade, dizendo que "isto não poder ser feito". Deus nos aguarda sempre, com as melhores soluções para os nossos problemas.

[5] Ibid. *Sabedoria do Evangelho,* vol. 1, p. 102.

5. Fé: Um princípio universal

"Só existe um princípio universal de cura: A Mente subconsciente; e um só processo de cura: a fé ou a convicção". (MURPHY, Joseph. Os milagres de sua Mente, *p. 100).*

As curas pela fé sempre existiram e, atualmente, é comum com a forte influência da mídia, a divulgação de "milagres" ocorridos em vários lugares do mundo. As justificativas são muito diversas. Atribui-se cura em razão de ser o local considerado sagrado; outros conferem a força a um líder espiritual de determinada religião. Encontramos curas em diversos lugares sagrados pelo mundo. O Brasil, em especial, é pródigo nessas manifestações de fé. Diante da dor e do sofrimento as pessoas, gastando às vezes os parcos recursos, buscam nos locais mais distantes, determinados "curadores", aguardando sempre que ocorra um milagre e os seus problemas sejam solucionados de imediato; as seitas religiosas através de redes de televisão, nos canais abertos, têm explorado a fé, vendendo soluções de forma simplista: "Hoje, vai ser a grande noite de milagres", ou "Deus vai operar maravilhas", ou outras promessas que contrariam a lógica e o bom-senso, aos freqüentadores das suas igrejas.

Mas, mesmo usando desses artifícios podem ocorrer curas? É claro que pode. São inúmeros os casos em que pessoas, pela fé têm encontrado a cura. Mas, antes de tudo há de se perguntar por que só ocorre para alguns e não para todos? A resposta estaria no local, no curador ou no próprio paciente que foi favorecido? É claro que líder religioso – seja lá chamado de curador ou não –, vai procurar tirar proveito do fato, alegando que o "nosso Deus" – referindo-se à sua Igreja –, é poderoso e opera milagres. Mas será que a coisa ocorreu realmente porque Deus está só naquele grupo e se apiedou de determinada criatura? Mas... e os demais freqüentadores de outros cultos, não seriam também filhos de Deus? O que se pode concluir, pela lógica e bom-senso que, independente do local – sagrado ou não – dos meios que foram utilizados – água benta, fluidificada, acendimento de velas, louvores, benzimentos, passes, jorei, tipo de oração etc..., ou quaisquer rituais praticados, o princípio será sempre o mesmo: a Mente subconsciente, Médico Interno, Força Divina, o EU maior etc, pois a cura vai depender da fé de cada paciente.

Muitos conterrâneos de Jesus não acreditavam nele, escandalizando-se diante de seus "poderes miraculosos" e questionavam: – Mas este não é o filho do carpinteiro? E sua mãe não se chama Maria e seus irmãos Tiago, José, Simão e Judas? O que levou Jesus a dizer: "Não há profeta sem honra a não ser na sua terra e na sua casa". Por essa razão Mateus assevera: "E não fez ali muitos milagres **por causa da incredulidade deles**" [1] (grifamos). O que o apóstolo quer dizer com isso? Que os chamados "milagres" têm como causa a fé potencializada em cada um. Jesus procurava com sua superioridade espiritual e moral ajudar as pessoas a despertar em si mesmas essa força, já existente em todas as criaturas, independente de crença. Mas cada

[1] Mateus, 13:57-58.

um é responsável pelo desenvolvimento da fé.

É importante analisar que Jesus, após o atendimento ao semelhante que, eventualmente, conseguia alívio nas suas condições físico-espirituais, ou mesmo a cura, jamais coloca o resultado como fruto de sua intervenção, reportando-se sempre ao "poder da fé", ensinando, dessa forma, que esse patrimônio sempre existe em todos os seres, desde que o coloquem em ação. Daí a expressiva afirmação, em várias ocasiões, conforme relatam os textos evangélicos: "A tua fé te salvou".

Encontramos na literatura uma história interessante sobre a fé, de autor desconhecido, versando sobre: **A rã que tinha muita fé.**

> *Era uma vez, duas rãs que caíram num tacho de leite.*
>
> *A primeira rã, ao ver que aquele líquido branco não dava pé, aceitou seu destino e se afogou.*
>
> *A segunda rã não gostou da perspectiva.*
>
> *Ficou se debatendo no creme e fez o que pôde para ficar à tona. Passando algum tempo, aquela agitação toda fez o leite virar manteiga e ela conseguiu pular do tacho.*
>
> ***Moral:** Se você sentir que pode encontrar uma segunda resposta certa, é muito provável que a descubra.*

Eis aí a forma de construção da fé. Não esmorecer nunca, pois, "aquele que perseverar até o fim, vencerá", conforme afirmou Jesus.

A televisão vem divulgando hoje, com grande intensidade, uma campanha de brasileiros, que diante das adversidades – cada qual em seu setor de atividades –, não desistiram, tentaram um pouco mais, e venceram. É uma forma de despertar a fé em cada um e auto-estima em nossa gente. Destacam-se, nesta campanha, as histórias reais de Betinho, Herbert Viana e Ronaldinho. Todos são exemplos de garra e fé em seus potenciais, vencendo obstáculos difíceis, porque confiaram em si mesmos. E confiar em si, mesmo que a pessoa seja descrente, é confiar em Deus, que é o autor da vida. E uma música faz fundo ao filme para as cenas destes brasileiros que venceram os obstáculos, aparentemente intransponíveis. Trata-se da música: **Tente outra vez**, do cantor e compositor Raul Seixas, que vale a pena refletir, pois talvez você, neste momento esteja necessitando desta mensagem:

> Veja
> Não diga que a canção está perdida,
> Tenha fé em Deus, tenha fé na vida.
> Tente outra vez!
> Beba
> Pois a água viva ainda tá na fonte.
> Você tem dois pés para cruzar a ponte
> Nada acabou, não, não, não...
> Tente
> Levante sua mão sedenta e recomece a andar
> Não pense que a cabeça agüenta se você parar
> Há uma voz que canta, há uma voz que dança
> Há uma voz que gira
> Bailando no ar
> Queira
> Basta ser sincero e desejar profundo
> Você será capaz de sacudir o mundo
> Vai, tente outra vez
> Tente
> E não diga que a vitória está perdida
> Se é de batalhas que se vive a vida
> Tente outra vez ...

A letra é realmente um convite para que ninguém pare diante das dificuldades. Que se tenha fé e não desista, tentando outra vez, um pouco mais. Neste sentido ensina Confúcio que: "A maior glória não é ficar de pé, mas levantar-se cada vez que se cai". Ou então esse pensamento japonês que simplesmente diz: "Cair, sete vezes. Levantar, oito!"

O Jornalista e Escritor Espírita Celso Martins sempre recorda um fato verídico e que, atualmente, a Medicina Psicossomática explica com toda a tranqüilidade.

> *"Em 1959, explodiram por combustão espontânea, toneladas de armamentos que o Exército estocava em paióis no subsolo de terras devolutas, cobertas de arbustos e árvores, em Deodoro, na então Capital da República, perto do cemitério de Ricardo Albuquerque.*
>
> *Foi de madrugada e o estrondo foi ouvido a léguas de distância! O povo aterrorizado, saiu às ruas, fugindo do terremoto cujo calor queimou árvores inteiras e até provocou avarias em muitas casas e apartamentos de bairros distantes...*
>
> *Não houve nem um só ferido... Ninguém se machucou... Só a pouco e pouco a multidão voltou aos lares, dias depois...*
>
> *Pois bem – em meio ao tumulto controlado pelos Corpos de Bombeiro e forças do então Ministério do Exército, por ordem expressa do Presidente Juscelino –* ***não é que um paralítico, anos preso na cadeira-de-rodas – saiu correndo e se curou, o que foi amplamente alardeado pelos jornais?!*** *Quer dizer – o instinto de conservação, diante do perigo iminente – despertou no fundo d'alma do entrevado e ele ficou totalmente curado!(...)"*

O conhecido médico americano, Patch Adams tem transformado, há quase trinta anos, os quartos de hospitais num verdadeiro picadeiro, vestindo-se de palhaço, animando os pacientes com objetivo de melhorar o emocional, reduzindo, dessa forma, o sofrimento deles. Comentando sobre a importância da fé na cura de um paciente, afirma que: "Em muitos casos (a fé), é mais importante que qualquer pílula ou intervenção cirúrgica. O paciente com fé tem uma capacidade maior de entrega, o que lhe traz conforto em todas as situações. Isso também vale para os familiares de doentes terminais". Interessante, todavia é a sua conclusão ao ser questionado, quanto à necessidade de se seguir uma religião para ter fé: "De forma alguma. Eu, por exemplo, tenho fé, mas não sigo nenhuma religião. A religião é uma instituição, e a espiritualidade é amor e ação. Eu acredito mais na espiritualidade".[2]

A resposta do médico vem de encontro à nossa tese, de que a fé, conseqüência da vontade, manifesta-se em todo o ser humano, seja ele membro ou não de determinada religião. Lembremo-nos que ela (a fé) é o "grão de mostarda" plantada em nossa alma em estado dormente. Todas as curas obtidas sejam na Igreja A ou B, no lugar sagrado X ou Y, ou mesmo sem qualquer vínculo religioso, são sempre realizadas em função da Mente da própria criatura. Disso tudo pode se dizer que não existe "cura" (no sentido de força exterior), mas sim "auto-cura" – manifestação da Força Maior da alma. Tem-se aqui o exemplo do leproso, referido anteriormente, que pela fé ardente em Jesus, obtivera a cura. A sua fé o curara.

No Rio de Janeiro – Capital – desde há alguns anos, há um grupo que brinca com crianças acometidas de câncer, sem nada receber em dinheiro, e, se não as cura, pelo menos as fazem ter menos seqüelas da quimioterapia, ou dos raios gama de radioterapia.[3]

---

[2] A vida de Adams foi retratada em 1998 no filme: *O Amor é Contagioso*, com o ator Robin Williams no papel principal, e serviu de inspiração para o surgimento de vários grupos doutores da alegria, espalhados pelo mundo. O médico é autor de três livros, dois deles publicados no Brasil. Revista VEJA edição nº1842, 25/02/04.

[3] Conforme informações do escritor Celso Martins.

6. A fé verdadeira

"A fé verdadeira e genuína é uma convicção íntima de que eu, essencialmente, sou idêntico a Deus, mas que existencialmente, sou infinitamente inferior a Deus". (ROHDEN, Huberto, Assim dizia o Mestre, *p. 124).*

A palavra fé, num sentido mais elevado, no entender de Huberto Rohden – filósofo e humanista brasileiro, profundo conhecedor de Latim e que conviveu nos EEUU com o judeu genial Einstein –, vem do latim *fides*, radical que quer dizer "fidelidade". É uma atitude de harmonia, sintonia. Assim, podemos dizer que, quando sintonizo uma emissora de rádio e consigo a limpidez sonora, o meu aparelho possui fé, isto é fidelidade, sintonia perfeita com a transmissora. Ocorrerá ao contrário, quando o som está inaudível, com barulho; direi que falta fidelidade do rádio com a transmissora. Os que atingiram este estágio estão sintonizados com a razão (ou individualidade), compreendem que a faculdade essencial à criatura é a fidelidade aos princípios universais. Uma vez atingida essa fidelidade, estarão sempre esforçando-se ao máximo para reproduzir os ensinamentos do Mestre, isto é, as Leis Universais, por ele ensinadas.

Quando alguém deixa de pertencer a este ou àquele grupo religioso, ou a certa igreja, dizem os teólogos dessa igreja, que Fulano "perdeu a fé". Na realidade, perdeu a crença numa determinada organização religiosa criada por determinado líder ou grupo. "Em geral, essa "perda de fé" – entenda-se "crença" – é uma etapa necessária para a evolução do homem rumo à verdadeira fé"[1]. Por isso, fé não tem nada com "crença". Assim, a criatura pode ter fé – sintonia perfeita com sua Força Interior – e não ter adesão a qualquer tipo de crença. Jesus tendo esta visão de fé – sintonia direta com o Pai –, contrariou os interesses dos sacerdotes e doutores de Israel, pois eles que ditavam as regras; eram tidos como intermediários de Deus na Terra. Jesus orienta os homens, conforme anota Lucas, que, "o Reino de Deus está dentro de vós". Ensinando desta forma, para os chefes da religião judaica, estava ele renegando a fé à tradição da religião organizada dos sacerdotes e doutores da lei, que mantinham o povo sob suas rédeas e controle. As leis judaicas, passadas ao povo como Palavra de Deus, eram repletas de leis civis, criadas por Moisés, e maquiadas como "sagradas".

Ter fé é estar em sintonia com as Leis de Deus, gravadas no íntimo de cada um. Não é estar vinculado a um tipo de crença. É contatar-se com a Sabedoria Divina e Suas Leis Sábias e Eternas. Contrário, portanto, à idéia de crença, que é produto do próprio homem nas suas interpretações religiosas, que pode mudar através dos tempos. Nesse sentido, afirma Kardec, que: "Fé inabalável só o é a que pode encarar frente a frente a razão, em todas as épocas da Humanidade" [2].

Quando Jesus fala de "fé do tamanho de um grão de mostarda", é preciso que entendamos o seu sentido simbólico, já que a "sementinha", embora ainda não seja "árvore" em sua *existência externa*, já o é *em essência*, pois já

---

[1] ROHDEN, Huberto. *Assim dizia o Mestre*, p. 40.

[2] KARDEC, Allan. *O Evangelho segundo o Espiritismo*. Cap. XIX, item 7.

possui toda a potencialidade da árvore. Sabia o Mestre que este grão de mostarda, seguindo as fases da fé biológica a que estava programado se transformaria na árvore adulta. Assim entendamos que, por maiores que sejam as diferenças entre o homem ainda em evolução e o Cristo, temos o mesmo potencial para *vir* a *ser*. Em essência, sou portador de todo o potencial divino alcançado por ele, embora tenha ainda muito a estagiar para atingir o seu grau de evolução. Aliás, isto foi dito por ele, mostrando-nos que todos seremos um dia, luzes, quando afirma, com a humildade de nosso irmão maior, que: "Vós fareis as mesmas obras que eu faço e fareis obras maiores que estas".[3]

Desde que não haja qualquer impedimento por fatores externos, o animal segue mecanicamente a fé biológica e completa o seu ciclo de maturidade, tudo conforme o que lhe está programado. A título de exemplo de fé biológica, emprestemos a sugestiva e oportuna história, sobre a "Traça",[4] que seguindo as etapas naturais transforma-se em borboleta.

> *"Meu pai era um homem frugal e bom. Ensinou-me, desde muito cedo, a entreter-me com as coisas aparentemente mais simples.*
>
> *Um dos meus passatempos em criança era colecionar os casulos das traças e assistir, na primavera, à emersão das borboletas, espetáculo – para mim – de arrebatadora beleza. A luta delas para escapar do cárcere despertava, sempre, minha compaixão.*
>
> *E um dia, com uma tesoura muito fina, papai veio e cortou a parede sedosa do casulo, ajudando o bichinho a se soltar.*
>
> *A borboleta, daí a um instante, estava morta.*

---

[3] João, 14:12.

[4] RODRIGUES, Wallace Leal. *E, para o Resto da Vida*, p. 69.

Era como se o trabalho fosse necessário à garantia de sua vida.

— Filho – disse papai – o esforço com que esta traça procura libertar-se do casulo ajuda-a a segregar os venenos do corpo. Se o veneno não for expulso, o bichinho morrerá. O mesmo ocorre com a gente: quando uma pessoa luta por aquilo que deseja, torna-se melhor e mais forte. Mas, quando as coisas se realizam sem esforço tornamo-nos fracos, pusilânimes, sem personalidade. E parece que alguma coisa morre dentro de nós.

Sei, hoje, que fui mais capaz de sustentar-me na adversidade, graças à lição tão profunda e tão viva que meu pai soube dar-me naquele dia.

E tudo se deveu a uma pequenina traça morta..."

Essa mecânica extraordinária da evolução da vida, de essência para existência, de potência para ato, nos esclarece o sentido de que, "Eu e o Pai somos um": O Pai está em mim *em essência*, pois, o Reino de Deus é sua semente em estado latente em mim; e eu estou Nele. À medida que me conscientizo da existência dessa Força Interior em mim, torno-me convicto de que eu sou Ele, em essência. "Vós sois deuses", afirmou Jesus, recordando ensinamentos do velho testamento. Existencialmente, ainda não sou igual a Ele. Quando Jesus afirma que se tiverdes "fé do tamanho de um grão de mostarda" alerta-nos que, quando nos conscientizarmos de nossa condição de deuses "em potência", aí, por conseqüência, tudo será possível.

7. Curas pela fé

"Quer o objeto de sua fé seja verdadeiro ou falso, os efeitos obtidos serão os mesmos". (PARACELSO, Felipe, in O Poder do Subconsciente. *Murphy, José, p. 67).*

A cura é um processo pessoal, e, neste ponto, destacamos a importância da fé na consecução deste objetivo. Quem tem fé na cura de seus males aciona o dispositivo de sua Força Interior que emite carga positiva eliminando as energias negativas. É inegável a importância do auxílio externo, mas a cura em si, deve ser imputada à própria pessoa; isto quer dizer que a cura ocorre com ajuda de fatores externos: médicos, terapeutas, orientadores religiosos, psicólogos, a família unida, os amigos do peito, as velhas amizades, o zelo dos enfermeiros e enfermeiras etc..., mas o resultado depende exclusivamente da pessoa.

Em todos os tempos e lugares do mundo sempre se registrou a ocorrência de cura pela fé. No entanto, o princípio da cura é sempre o mesmo, pouco importando o objeto da fé do beneficiado, como bem asseverou Paracelso.[1] Assim se o paciente diz que se curou por ter tomado água benta de determinado local considerado sagrado, ou porque tem fé em determinado santo, ou Espírito, ou porque carrega

---

[1] Felipe Paracelso, famoso alquimista e médico suíço, que viveu de 1493 a 1541, conseguiu inúmeras curas em seus dias.

determinado patuá, relíquia, fitinha do Senhor do Bonfim etc..., o resultado será sempre o mesmo. É a fé que produz os resultados positivos, pois o potencial interior – comum a todas as criaturas – é acionado e realiza resultados, que o leigo chama de "milagre".

O esperantista e escritor Celso Martins me relatou um fato, hoje – 2004 –, (ele não sabe se é verídico ou folclórico) que ele, Celso, ouviu em 1948, de seu pai:

> *"Havia um doente a beira da morte quando seus familiares souberam da existência de uma certa árvore além de um rio caudaloso. Pediram então a um amigo do enfermo que, pagando uns trocados ao barqueiro, fosse buscar a casca de tal árvore milagrosa.*
>
> *O amigo foi e, depois de muito buscar no bosque tal árvore, não a encontrou. Regressou ao lar do doente tendo o cuidado de tirar umas lascas do madeirame do barco. O doente tomou com fé a beberagem e ficou bom".*

Daí nasceu a frase: "Mais vale a fé do que o pau da barca". É mais ou menos por aí que os médicos usam nos experimentos o efeito placebo, o doente fica curado tomando umas bolinhas de trigo cozido pensando ter ingerido um medicamento para tal ou qual doença!...

Lembro que, em certa ocasião, quando dirigíamos uma Escola de Ensino Médio, foi nos apresentado uma aluna, acompanhada de sua mãe, que estava com os braços travados e que dizia não conseguir qualquer movimento. Tal realmente se verificava. Bastou, no entanto, alguns instantes de diálogo com a mãe – percebemos que se tratava de problema meramente emocional, causado por problemas domésticos –, mostrando que ela voltaria à normalidade e que ela era sadia. Depois de alguns instantes, pedimos que ela estendesse os braços e o fez com normalidade. Foi milagre? É claro que não. São os chamados bloqueios de ordem emocional que atuam no corpo físico.

Os livros sagrados de todos os povos são pródigos em exemplos de cura, cujos resultados cada um atribui ao seu "Deus" ou poder de seus líderes. Na verdade, a cura ocorre por uma atitude mental de confiança nos resultados positivos, que afinal, acaba acontecendo. É o que chamamos de fé. Tanto isto é verdade que, num grupo de pessoas que estão sob a mesma influência de determinado "curador", uns conseguem a cura e outros, não. Também ocorre cura por meios diferentes: uns no terreiro de umbanda, outros pela força do pastor ou padre ou médium ou ainda bebendo por determinado tempo água de certa fonte considerada milagrosa etc... No entanto, o processo de cura está baseado no mesmo princípio universal imanente em todas as criaturas: a fé.

Em o Novo Testamento, Jesus – o grande psicólogo da alma –, jamais atribuiu a si o resultado das curas que ocorriam pelos que o procuravam. Sempre atribuiu ao poder da fé. Assim é que em várias passagens dos Evangelhos encontramos nosso Guia e Modelo dizer: "a tua fé te salvou" ou "de acordo com tua fé, assim te acontecerá". Em outras palavras, ensina ele que, uma mudança de atitude, abandonando pensamentos negativos e doentios robustece a alma e permite a presença da Força Interior em toda sua plenitude.

O caso clássico de cura pela fé é o da mulher hemorrágica; sofria ela, há vários anos, de um sangramento uterino disfuncional, e que após consulta a vários médicos da época, gastando tudo que tinha, resolveu procurar Jesus. Tinha convicção *plena que seria curada por ele. Dizia ela: "Se eu puder apenas tocar em suas vestes serei curada". E tal ocorreu. No mesmo instante a fonte de sangue que ela perdia se estancou e sentiu que estava curada. Jesus, percebendo naquele instante que dele saíra* uma virtude, *disse:* "Quem me tocou?" *E a mulher que sentira o efeito daquela energia que emanara dele, confessa, que fora ela. Ao que Jesus disse: "Minha filha, a tua fé te salvou".*[2]

Ao demonstrar desejo *ardente* de que seria curada, isto é, fé positiva em si mesmo, abriu espaço, criando condições "para que as energias emanadas por Jesus provocassem uma descarga recebida por seu cérebro, fazendo com que ela produzisse um determinado hormônio pela hipófise, que provocou a contração uterina e, portanto, cessou o sangramento".[3] O auxílio externo veio de Jesus, mas a cura em si, decorreu da própria mulher; uma virtude saíra dele, quer dizer: um movimento energético irradiou dele em direção a ela, não por um ato de vontade sua, mas dela. Saliente-se que a vontade é que aciona o mecanismo da fé. Destaca-se aqui a fé, não como vontade mística, mas uma vontade própria, que se todos quisessem pôr a serviço desta força, poderiam realizar coisas extraordinárias, que seriam chamadas de milagres, mas que na realidade se trata de Força Interior, existente em todos os seres e que necessita ser desenvolvida. Jesus ao dizer "a tua fé te curou", deixou bem claro que não foi ele que a curou, mas imputou o resultado a ela, pela sua fé.

Fato semelhante a este poderia ter ocorrido por meio de outro líder espiritual, em outro lugar, pois não importa o objeto da fé, a cura sempre ocorrerá se o paciente colocar a vontade em ação acionando o mecanismo da fé. Insistamos que Jesus transfere a cura para a própria fé do doente. Embora as religiões coloquem Jesus como milagreiro, foi ele, no entanto, o maior e melhor psicólogo da alma, que veio ensinar aos homens o despertar dos potenciais dormentes em todos os seres.

---

[2] Marcos, 5:34.

[3] OLIVEIRA, Sérgio Filipe de, *Jornal Espírita*, dezembro/2003, p. 6.

8. Cura ou autocura?

"No Espiritismo existem médiuns de cura que cedem magnetismo, o fluido magnético, gratuitamente, tornando possível receber-se a 'cura', entre aspas, porque é sempre com aquele velho conceito de que ***cada um cura a si mesmo****". (NOBRE, Marlene. Folha Espírita,* As curas de Jesus e o Espiritismo, *dez./2003, p. 7).*

Pelo que desenvolvemos até agora, conclui-se que a chamada cura como resultado de uma força externa emanada de um "curador", merece uma interpretação mais cuidadosa. Se tomarmos como parâmetro a extraordinária figura de Jesus, a quem se tem atribuído "milagres", teremos que reconhecer que, na realidade, ele não produziu, por si mesmo, milagre algum. Não são afirmações nossas. É ele que assegura que a "cura" foi produto da fé do paciente. A expressão usada: "A tua fé te curou" deixa claro que não foi ele o autor da cura, mas sim a própria pessoa, mediante a dinamização da fé potencializada em si mesma.

Hoje sabemos que milagre – de *miraculum*, do latim, significa coisa admirável, extraordinária, surpreendente – implica uma derrogação das leis naturais, que são leis eternas e imutáveis. Para os leigos Deus faz milagres. Será que faz mesmo? Qual seria o Seu objetivo de se derrogar as leis por Ele promulgadas? Para atender os "rogos" de um determinado grupo ou para atender individualmente a um suplicante? Não, Deus não faz milagre! O poder de Deus se manifesta pelo conjunto das obras da Criação, pela sabedoria que preside tudo, desde as menores até as maiores partes que a compõe. "Os milagres não são necessários para a glória de Deus: nada no Universo se afasta das leis gerais. Deus não faz milagres, porque, sendo Suas leis perfeitas, Ele não tem necessidade de as derrogar". [1]

Assim, embora contrariemos a muitos, sabe-se que Jesus provocou muitos fenômenos, mas evidentemente não fez milagre algum. Foi um Espírito altamente luminoso, considerado pelos Mentores do Mundo Maior como "o guia e modelo da Humanidade". A Doutrina Espírita explica os fenômenos, que aos olhos dos leigos são considerados "milagres": pela movimentação das energias, pela força magnética e, em especial pela fé do paciente. São vários fatores que auxiliam a cura do doente, mas nada acontecerá sem a força de fé do paciente. Onde entra, então, a sua participação no enorme rol de "curas" que os Evangelhos atribuem a ele? Em razão de seu autopoder espiritual temos nele alguém, que de forma implícita suscitava a cura, dinamizando os potenciais existentes das criaturas, para que voltassem à normalidade, e produzissem "por si mesmas" a energia curativa, pois na realidade cada um é agente da própria cura. Já disse isto páginas antes mas insisto para fixarmos bem...

Se Jesus não curava, mas era quem "suscitava a cura" do paciente, criando condições para que o beneficiado por si dinamizasse o seu poder por meio da fé, pergunta-se: e os médiuns curam? Na mesma linha de raciocínio, diremos que os médiuns fornecem pela

[1] KARDEC, Allan. *A Gênese*, cap. XIII, item 15.

produção de energia, material salutar ao doente, procedendo à limpeza psíquica, dinamizando o organismo de condições para desencadear por "si mesmo" o processo de cura. A faculdade de curar pelo fornecimento de energia pode ocorrer independente de religião e até mesmo de convicção religiosa.

São conhecidas no mundo todo, e em quase todos os povos, pessoas que pela "imposição das mãos" suscitam curas. Os efeitos nem sempre são instantâneos, carecendo muitas vezes de um processo mais longo. É o que ocorre nas Casas Espíritas com os atendimentos fraternos. As pessoas em tratamento são orientadas que precisam ter "fé em si mesmas" e de acordo com a mudança de atitudes comportamentais, leituras sadias, pensamentos de otimismo, vão, gradativamente, curando suas mazelas. "No Espiritismo existem médiuns de cura que cedem magnetismo, o fluido magnético, gratuitamente, tornando possível receber-se a "cura", entre aspas, porque é sempre com aquele velho conceito de que **cada um cura a si mesmo" (grifamos)**.[2] Haja vista a cura do paralítico relatada, com detalhes, no capítulo 5, sobre a Fé: um princípio universal.

Assim, é importante para a ocorrência da cura a participação da vontade do doente, isto é, da sua fé ardente na ocorrência do processo. Quando há falta de fé, cria-se como que um anteparo paralisante do fluido curador que não penetrará no organismo do paciente. Lembremo-nos da já citada afirmação de Mateus, sobre Jesus, junto aos seus conterrâneos: "E não fez ali muitos milagres por causa da incredulidade deles" [3]. Nos textos evangélicos encontramos vários casos interessantes da

[2] NOBRE, Marlene. Folha Espírita, *As curas de Jesus e o Espiritismo*, Dez./2003, p. 7.
[3] Mateus, 13:58.

manifestação da fé para a ocorrência da cura. Vejamos, entre tantos casos citados nos Evangelhos de manifestação da fé, dois deles:

· A mulher hemorrágica manifestou fé com verdadeira força atrativa atraindo para si a corrente de energia de Jesus, mesmo sem a vontade dele. Outros que estavam ao lado dela, não conseguiram o mesmo objetivo, que por falta de fé, inércia ou por desinteresse opuseram força repulsiva à corrente energética.

· Diante do menino que segundo consta no texto estava assediado por espírito, o pai pede socorro a Jesus, que responde: "Se podes crer, tudo é possível àquele que crê". E o pai do menino, gritando, lhe diz com lágrimas: "Senhor, eu creio...".[4] E Jesus curou o menino.

Neste último caso, entre os fatos dessa natureza, afirma Kardec, que a possessão nem sempre é evidente. É provável que naquela época, como sucede em nossos dias, se atribuísse à influência dos demônios todas as moléstias cuja causa fosse desconhecida, principalmente a mudez, a epilepsia e a catalepsia. Embora não fique descartada a participação de Espíritos obsessores, como ocorre nas manifestações nas nossas Casas Espíritas.

[4] Marcos, 9:23-24.

9. Conforme a vossa fé

"Credes ***(tendes fé)*** *que vos posso fazer isto? Responderam-lhe: Sim, Senhor. Então lhes tocou os olhos, dizendo: Faça-se-vos conforme a vossa fé"*
(Mateus, 9: 28-30).

Como a fé é uma adesão de confiança ao Poder Interior, as coisas acontecerão na proporção da intensidade desta vinculação; Jesus, nos Evangelhos, coloca a fé como condição necessária para a realização dos nossos desejos, repetindo várias vezes que, "de acordo com tua fé, assim te acontecerá". Não há qualquer sentido místico ou religioso; a fé não está na dependência de filiação a qualquer tipo de crença: é algo pessoal que ocorre no mundo íntimo da pessoa que, em secreto, fala com Deus. Tiago, do ponto de vista psicológico – sem mesmo conhecer este termo – dá muita importância à catarse (purificação da mente), quando recomenda: "Confessai, portanto, os vossos pecados uns aos outros, para serdes curados"[1]. Já sei. Estou repetindo. Ajo à maneira de Napoleão Bonaparte quando reconheceu ser "a repetição a melhor figura de retórica"... Quer dizer, a repetição tem um efeito efetivo recomendado até pela Didática Geral...

---

[1] Tiago, 5:16.

Isto quer dizer que no ato de dividirmos com uma pessoa de nossa confiança os conflitos que nos angustiam, aliviamo-nos pelo aconselhamento, impedindo o surgimento dos mais variados tipos de doenças. Aqui o agente exterior é de fundamental importância para que refaçamos a confiança em nós mesmos e nos curemos; de nada adiantará a presença de uma pessoa justa, digna, espiritualizada, se não colocarmos em ação os nossos potenciais da fé, a serviço de nossa cura. Nem todos que estiveram com Jesus, após ouvirem seus sábios conselhos, se curaram.

Quando lançamos ao solo uma semente, temos a certeza que ela produzirá de acordo com a sua espécie. Assim que, quem planta uma semente de laranja, tem a plena certeza que, depois de um determinado tempo, irá colher laranja e não abacaxi. Da mesma forma acontece com a fé, de acordo com nossa vontade acontecerá. Parece-nos que a recomendação do Mestre de que "tudo o que pedirdes em oração vos será dado"[2], identifica-se com essa idéia de fidelidade do pensamento, certeza de que o nosso EU Superior dá os frutos, de acordo com o nosso plantio (pedidos), na proporção de nossa fiel convicção.

Na Carta de Tiago encontramos que: "A oração da fé salvará o enfermo e o Senhor o aliviará"[3]. "Salvar" aqui é alusão à cura do doente. Essa cura será realizada pela própria pessoa, cuja fé coloca em funcionamento sua Usina Divina interior que está inerte por motivos vários – bloqueios mentais, emocionais e físicos. Na verdade qualquer objeto exterior, material ou mesmo humano, que a pessoa aceita como verdadeiro, é força motivadora para

---

[2] Marcos, 11:24.

[3] Tiago, 5:15.

remover obstáculos psíquicos que inibem a manifestação do Poder Interior.

Esse conceito de fé é o ensinado por Jesus em várias passagens do Evangelho, destacando, entre elas esta, quando expressa: "E tendo entrado em casa, aproximaram-se dele os cegos, e Jesus lhes perguntou: Credes **(tendes fé)** que vos posso fazer isto? Responderam-lhe: Sim, Senhor. Então lhes tocou os olhos, dizendo: **Faça-se-vos conforme a vossa fé**. (**Grifamos**). E abriram-se-lhe os olhos"[4].

Na expressão: "Faça-se-vos conforme a vossa fé" não condiciona a cura à idéia de conexão à determinada religião, mas deixa claro que ela se vincula à fé, como certeza de conquista interior. Essas curas estavam baseadas na fé dos pacientes em si mesmos, que, diante do chamamento dele, acordavam do estado de dormência e tomavam consciência das faculdades imensas depositadas em gérmen no seu íntimo. Com essa convicção nos seus potenciais internos dissipavam-se das nuvens negativas que eram portadores, e a cura se manifestava.

> *Conta-se, como fato real, a de um cidadão que era portador de tuberculose, já bastante avançada. Seu filho decidiu curá-lo pelo efeito da fé. Entregou ao pai um pedaço de cruz, e disse que pagou o equivalente a um milhão, de um monge que voltara de um dos templos de cura da Europa. Na realidade, o jovem pegara uma lasca de madeira qualquer e fora a um joalheiro para que colasse num anel, a fim de parecer autêntico. Contou ao pai que muitas pessoas foram curadas simplesmente tocando naquele anel. Isto despertou no velho a fé de que também poderia obter a cura. Colocou o anel sobre o*

[4] Mateus, 9:28:30.

tórax e orou silenciosamente ao dormir. No outro dia estava curado. Os exames clínicos deram resultados negativos. É claro que a cura não teve qualquer ligação com aquele pedaço de madeira. Foi a fé em recuperar sua saúde que acionou o mecanismo íntimo desobstruindo o canal de manifestação divina. Lembremo-nos da afirmação de Paracelso, já citada que: "Quer o objeto de sua fé seja verdadeiro ou falso, os efeitos obtidos serão sempre os mesmos". O anel foi o objeto da fé que serviu de elemento catalisador para fazer disparar o mecanismo da fé no seu Céu Interior. [5]

Os objetos de fé podem se constituir em relíquias, fitas ou ossos de santos de devoção, poder terapêutico de certas águas, patuás etc...obtendo curas pelo princípio da fé, sem que os objetos tenham qualquer valor curativo. São recursos catalisadores do processo. A confiança que o doente coloca em determinadas pessoas carismáticas pode produzir curas extraordinárias; aí o objeto de fé está calcado na presença de determinados líderes espirituais que pela influência que exercem, desbloqueiam, em determinadas pessoas, certos obstáculos mentais, criando possibilidades de cura.

Assistimos em nossa cidade, há pouco tempo, a confirmação de pessoas que se diziam curadas – não sei se tiveram confirmações clínicas – por um cidadão que atraiu por alguns anos inúmeros sofredores de vários locais do país, inclusive da Argentina, que vinham em caravanas e aqui se aportavam nos finais de semana. A própria Rede Globo de Televisão fez uma reportagem no local, quando divulgava as curas pela fé em todo Brasil. Eram filas enormes de pessoas com doenças de todo o tipo que ansiavam por uma cura milagrosa de seus males.

---

[5] MURPHY, Joseph. *O Poder do Subconsciente*, p. 64.

O bairro tornou-se centro de grandes negociações, com valorização do mercado imobiliário, exploração de comércio, pousada etc..., venda de todo tipo de mercadoria.

Para o atendimento dos romeiros, o "curador" pedia que cada um trouxesse um vidrinho de álcool e algodão – usado no trabalho de cura –, que era vendido na entrada, principalmente por seus familiares. Depois de um certo tempo, a clientela foi escasseando até que hoje não há uma só alma em busca do tal curador. Que aconteceu? O curador perdeu a força ou os doentes não tinham mais fé no curador? Lembremos, novamente do alerta de Mateus, quando assevera que Jesus "não conseguiu fazer muitos milagres em sua terra pela falta de fé deles". O agente exterior – o objeto de fé – não mais provoca na criatura que o desencadeamento da força interior, o que nos leva a ratificar que: "cada um cura a si mesmo".[6]

[6] Antonio da Silva, tem o apelido de "Pato". Reside ainda hoje, no Bairro da Vila Setti, em Jacarezinho-PR.

10. Todos se curam?

"(...) Assim sendo, compreende-se que de dois doentes atingidos do mesmo mal, estando na presença do curador, um possa ser curado e o outro não". (KARDEC, Allan. A Gênese, *cap. XV, item 11).*

Quando Jesus assevera que: "Seja o que for que peçais na prece, crede (tendes fé) que o obtereis e concedido vos será o que pedirdes"[1], Kardec aconselha que tal afirmação seja analisada à luz da razão. Muitas pessoas pedem e não recebem – pelo menos em curto prazo, ou na mesma reencarnação – e seria injusto acusar a Providência por não atender a todas súplicas. Assim como um pai não cede aos filhos todos os seus desejos, por entender serem eles prejudiciais ao seu desenvolvimento, da mesma forma, Deus de forma indireta, conscientiza-nos que ainda estamos em desarmonia com as "Leis da Consciência" gravadas em cada um de nós. No tempo certo, alcançaremos os objetivos de nossos pedidos, pela prece. Em geral, enxergamos só o presente. Às vezes, não conseguimos debelar o sofrimento de imediato, pois este, funciona como depurador da alma. É importante compreendermos "o porquê", para que não surja a revolta contra a Providência.

"Há moléstias que têm, sem dúvida, função

[1] Marcos, 11:24.

preponderante nos serviços de purificação do Espírito, surgindo com a criatura ou seguindo-a, por anos a fio, na direção do túmulo. As inibições congeniais[2], as mutilações imprevistas e as enfermidades dificilmente curáveis catalogam-se, indiscutivelmente, na tabela das provações necessárias, como certos medicamentos imprescindíveis figuram na ficha de socorro ao doente".[3] No entanto, estando confiantes de "Deus em nós", e que cada um é o artífice de seu próprio destino, mesmo diante dos obstáculos, aparentemente difíceis, sabe-se que o Reino de Deus está sempre conosco e, portanto, não existe abandono e nem privilégio. Quando entendermos a mecânica da vida pelo processo das vidas sucessivas, procuraremos ser tão felizes quanto possível, mesmo quando portadores de certas enfermidades difíceis, pois sabemos que nada é eterno, e que a dor do momento é corretivo dos desvios, para a conseqüente volta à Casa Paterna.

Nas histórias paralelas dos Evangelhos conta-se o caso de um cidadão portador de determinada doença física, considerada na época incurável, que procurava Jesus, pois soubera que ele era a esperança para a cura desejada. Após andar léguas de distância, já exausto, pede pousada em uma residência à beira do caminho, e lá questiona o estalajadeiro, onde encontrá-lo. O hospedeiro, solícito, orienta-o quanto ao trajeto que deveria percorrer. Logo cedo, cheio de fé, parte em busca daquele que é seu objetivo. Encontrado o local, toma contato com Jesus e seus profundos e sublimes ensinamentos; exultante, sente que obtivera a cura. E faz o seu trajeto de volta. Pede pousada na mesma casa onde se hospedara. Questionado pelo anfitrião sobre a cura, responde que, embora

[2] Congeniais – "de nascença".

[3] XAVIER, Francisco Cândido, pelo Espírito Emmanuel. *Pensamento e Vida*, p. 127-128.

trouxesse no corpo a cicatriz da mesma doença, estava agora curado. Curara da alma, e era outro homem, pois recebera a água viva da Vida. A fé despertara em seu coração. Estava definitivamente renovado, pois agora entendera as razões de suas enfermidades.

Caso semelhante – porém verídico – ocorrido em outubro de 2003, com a carioca Andréa Salgado, professora, de 33 anos, que teve suas pernas decepadas, quando uma lancha colidiu com o banana *boat* em que ela passeava numa das praias do litoral fluminense. Demonstrando compreensão diante da sua situação, enfrentando tudo, com força de vontade e otimismo, sem perder, porém, a serenidade e alegria pela vida.

Em entrevista concedida à revista Veja[4], o repórter perguntou-lhe o que ela faz para espantar a tristeza e Andréa respondeu: "Eu sempre gostei muito de viver. Sou alegre, espontânea e guerreira sempre fui. O acidente me deixou com algumas limitações. Mas estou aprendendo a conviver com elas e aceitando bem. Gosto de ler, cuidar dos meus filhos, da minha casa. Isso me distrai. Tenho lido muitos livros kardecistas, livros com mensagens de otimismo. Sou católica, mas depois do acidente encontrei muitas respostas no Espiritismo. **Aprendi que nada acontece por acaso**" (grifamos).

Aqueles que tiveram a felicidade de conhecer Jerônimo Mendonça, mineiro de Ituiutaba, sabem do exemplo de fé, coragem e resignação em sua trajetória de luta e sacrifícios, nesta última encarnação. Imagine um homem totalmente paralítico, cego e preso em um leito por mais de trinta anos, com dores terríveis em todo o corpo, necessitando de um saco com alguns quilogramas de areia em seu peito, para suportar a dor de que era

---

[4] Revista Veja – páginas amarelas – ed. 1852, de 05/05/2004, p. 13,16-17.

tomado, e ainda tomando isordil várias vezes ao dia; mesmo assim, era resignado e sereno! Dotado de fé inquebrantável, sabia pelas Leis de Deus que todo o sofrimento atual era conseqüência de equivocadas atitudes nas encarnações anteriores. Suportava tudo de forma consciente e heróica, pois sabia que estava sendo curado da alma, por meio daquele corpo tetraplégico. Mesmo assim, sempre em seu leito, ditou vários livros, comandava creche de crianças desamparadas e viajava por todo o Brasil de Kombi, assistido por enfermeiros, levando sua mensagem de fé e esperança aos sofredores. Era conhecido, por esta conduta, como o "Gigante Deitado" [5].

O nosso querido Chico Xavier foi outro exemplo de fé e amor. Tudo que se escrever sobre ele, é pouco. Um Espírito missionário extraordinário, que soube demonstrar, mesmo num corpo doente e alquebrado, a beleza de uma alma, cujo objetivo, a vida toda, foi sempre o de "servir" espontaneamente no Bem. Médium de recursos singulares deixou à Humanidade, com o auxílio de luminares Espíritos, uma farta literatura que só com o tempo iremos conseguir aquilatar tanta riqueza, tanta luz nos ensinamentos. Inspirado em seus livros* espalharam-se por todo o Brasil entidades de beneficência que tanto amor e amparo levam a inúmeros irmãos de jornada . Não se acomodou diante das adversidades e dificuldades do corpo doente, mas fez sempre o bem "no limite de suas forças", tal como ensinaram os Mensageiros Superiores, na questão 642, de *O Livro dos Espíritos*.

Deus deu ao homem a razão e a inteligência para

---

[5] Recomendamos as leituras dos livros: *O Gigante deitado* de Jane Martins Vilela, editora Clarim. *Crepúsculo de um Coração* de Jerônimo Mendonça, Editora Particular.

* Livros que foram traduzidos para diversos idiomas e através do Esperanto suas páginas chegaram até ao Japão.

superar os obstáculos e tirar das lições da vida – mesmo as mais difíceis – a aprendizagem, pois aprendemos diante dos acertos e erros, em razão do livre-arbítrio. Não se manter na passividade, achando que tudo está programado pelas Leis de Deus. É pela força da vontade que acionamos o mecanismo da fé que nos impulsiona à ação para o progresso.

Lísias, mensageiro da colônia espiritual "Nosso Lar", situada no Mundo Maior sobre a cidade do Rio de Janeiro, socorrendo desencarnados, em recomendação a André Luiz, assevera que [6]: "Convém não esquecer, contudo, que a realização nobre exige três requisitos fundamentais, a saber: primeiro, **desejar**; segundo, **saber desejar**; e, terceiro, **merecer**, ou, por outros termos, vontade ativa, trabalho persistente e **merecimento justo**". É conveniente analisar com cautela a idéia de que se não conseguimos o sucesso é por falta de merecimento. Todos somos merecedores, pois a meta é a evolução constante. Jamais o derrotismo!... Sempre o trabalho no Bem!... O mensageiro fala em **merecimento justo**. Pode ser que, neste momento, não se tenha ainda a condição necessária para superar determinados obstáculos. Não existe o merecimento artificial, o famoso "jeitinho" à moda brasileira. Em tese, somos sempre merecedores, pois somos filhos de Deus e marchamos todos para o progresso, pois isto é da Lei. Para que a alma atinja à perfeita harmonia, Deus nos deu os caminhos da reencarnação. Cada fase da reencarnação é uma estação de cura. Daí porque, alguns se curam pela fé, de imediato; outros demoram mais, outros ainda, por serem altamente devedores perante às Leis Divinas, precisam de milhares e milhares de reencarnações. A justiça do merecimento é proporcional às condições que a

[6] XAVIER, Francisco Cândido, pelo Espírito André Luiz, *Nosso Lar*, p. 49.

alma se apresenta naquele momento.

Temos de procurar desenvolver a fé, em nossa Força Interior, cada um a seu tempo, pois a trajetória é pessoal e nada se sabe de nossa história pregressa, graças ao véu que nos impede de conhecer o nosso passado. "Os sintomas patológicos na experiência comum, em maioria esmagadora, decorrem dos reflexos infelizes da mente sobre o veículo de nossas manifestações, operando desajustes nos implementos que o compõem".[7] Excetuando os nossos vínculos do passado, veja-se que somos nós mesmos, nesta vida, os desarticuladores da grande maioria de nosso equilíbrio e do conseqüente armazenamento de doenças ao organismo. As viciações de toda ordem, os melindres, as irritações por pequenos comezinhos, a retenção da mágoa, entre outros, constituem energias negativas que poluem o organismo, acarretando doenças. Temos, pois, de entender porque uns se curam e outros não. É óbvio, que com o tempo, todos eliminarão as doenças, e a saúde irá fluir, sempre lembrando que "cada um cura a si mesmo".

Destacamos, a título de ilustração, um fato curioso que merece ser meditado:

> *Fausto Vasconcellos, alfaiate, excelente médium, teve certa madrugada um sonho, três vezes repetidos, na mesma noite. Aparecia-lhe um número que seria o Prêmio maior da Loteria Federal. Tendo acordado nesta noite três vezes, anotou o número dizendo:*
>
> *– Amanhã mesmo tomo um trem elétrico e vou lá naquela casa lotérica da Avenida Rio Branco, no Rio de Janeiro, comprar tal bilhete e, ganhando o prêmio, vou*

[7] XAVIER, Francisco Cândido, pelo Espírito Emmanuel. *Pensamento e Vida*, p. 128.

ficar muito rico.

Só que naquele dia se lhe apareceram tantos clientes que não pôde sair do ateliê... No dia seguinte, a mesma impossibilidade de ir à cidade. E ele foi se esquecendo do assunto.

Quinze dias depois, por acaso, eis que vai à Avenida Rio Branco e se defronta com o número exibido na casa lotérica. Recordando o sonho, compra o bilhete. Deu o número totalmente contrário! Sentiu-se frustrado! Pudera...

Dias depois, jogando no bicho, ganha "uns dinheiros". No lar o "pau comeu..." A mulher queria o dinheiro para isto... O seu filho para aquilo... A sogra "entrou na história". E ele arremata numa palestra pública: – "Já pensou você, se acerto na Loteria?"[8]

[8] Fato narrado pelo escritor Celso Martins, ocorrido em Nova Iguaçu-RJ. 1965, Grupo da Fraternidade Irmã Scheilla – K-11.

11. Práticas exteriores

"Toda planta que meu Pai celestial não plantou será arrancada". (Mateus, 15:3).

Muitas eram as convenções humanas organizadas pelos sacerdotes judeus que, misturadas aos ensinamentos divinos, eram absorvidas pelo povo como Lei de Deus. Aliás, não é muito diferente do que as religiões de orientação judaico-cristãs transmitem aos seus fiéis, nos dias de hoje. Criam-se regulamentos próprios, liturgias, rituais, interpretações literais dos textos bíblicos etc..., colocando tudo como orientação divina. Com isso, transmitem-se, muitas vezes, idéias falsas a respeito de Deus, de tal sorte que muitas criaturas vivem o exterior em detrimento do interior, isto é a aparência pelo fundamento. Vale dizer: Realizam fielmente certas práticas convencionais exteriores, como "verdade divina" e julgam dessa forma ter cumprido seus deveres para com Deus. Ficam apenas na aparência. Assim, iludidos, acreditam que, uma vez colocadas em ação essas práticas estão quites com Deus, porque crêem que, tão-somente isto é o bastante.

É nesse sentido que Isaías[1], considerado o "profeta

---

[1] Isaías, 29:13.

maior", dizia – valendo a admoestação para os dias atuais: "É em vão que este povo me honra com os lábios, ensinando mandamentos e leis dos homens". Refere-se aqui a esta tendência de se cultivar apenas o formalismo criado pelos homens, em prejuízo da essência.

Uma das convenções que mais despertava a ira dos sacerdotes era o desrespeito aos sábados, e que Jesus, liberto das regras religiosas, de natureza humana, constantemente as contrariava em favor da prática da Moral. As chamadas "curas espirituais" de Jesus eram realizadas em qualquer dia da semana, pouco importando se era no sábado, o que era contestado principalmente pelos fariseus, pois consideravam uma afronta; qualquer atividade não convencionada pela religião, era considerada um ato ilegal. É óbvio que não havia propósito de Jesus em rebaixar a lei estabelecida pelos sacerdotes, mas entendia que os atos morais diante de determinada situação, deviam ter prioridade sobre os ritos religiosos, porque se tinha em vista a melhor maneira da prática do Bem sem esperar ou cobrar reconhecimento.

Diante da cura do homem de mão ressequida – sem entrar no mérito da cura em si – num sábado, por exemplo, foi motivo de grande celeuma entre os fariseus, pois que tal ação, diziam, poderia ser aguardada para o dia seguinte para não se violar o mandamento da lei. Ao que Jesus rebate dizendo: Qual de vós será o homem que, tendo uma ovelha, e no sábado ela cair numa cova, não vai apanhá-la e tirá-la de lá?[2]. Os fariseus entendiam que ele solapava os alicerces da religião e se constituía numa ameaça às suas tradições. O que Jesus mostrava era o raciocínio lógico em contraposição ao jugo do ritualismo aos quais os sacerdotes estavam presos.

[2] Mateus, 12:11.

Há também a conhecida prática cerimonial de se lavar as mãos, não o aspecto higiênico, mas um rito em que as mãos se postavam em várias posições em que a água era jorrada. Isto era observado como regra necessária de atendimento, sob pena de desrespeito a um rito farisaico, determinado pelas suas leis e tradições orais. Jesus – em outras palavras – sugere que o rito farisaico de purificar-se apenas o exterior da pessoa humana é tão ridículo como lavar só o exterior de um utensílio de cozinha. Na verdade a atitude interior, que é a manifestação da alma, é mais importante do que se apresenta exteriormente.

O que se conclui é que, por estarem presos às convenções, inúmeras pessoas prendem-se aos rituais, deixando para segundo plano o mais importante, que é estar em consonância com as Leis Divinas; trocam o essencial pelo acessório e acreditam ter cumprido com suas obrigações para com Deus. Não é a participação do cerimonial religioso, com seus rituais litúrgicos, seja lá de qual crença for, o mais importante; é preciso entrar efetivamente em contato com Deus na intimidade e que haja a transformação e aprimoramento de nossas atitudes.

Prender-se ao convencionalismo sem modificar-se é estacionar no roteiro evolutivo. Quantas vezes ouvimos praticantes das mais diversas religiões dizerem: "Eu já fui à missa", se católicos; ou, ao "meu culto", se evangélico; ou, já fui à "reunião do centro espírita" – "tomei passe", bebi água fluidificada, li Kardec, André Luiz, Emmanuel, Joanna de Ângelis, vários romances –, se espírita. "Já cumpri com minha obrigação, como se educação da alma se restringisse à prática de alguns rituais!...".

Quando Jesus assevera que: *"Toda planta que meu Pai celestial não plantou será arrancada"*[3], alerta-nos que toda

[3] Mateus, 15:3.

enxertia às Leis Divinas, introduzida pelos homens, através do acessório do ritualismo será arrancada. Não haverá qualquer "guerra religiosa" nessa transformação. É o próprio ser que, ao atingir a maturidade espiritual desvencilha-se, liberta-se de vez desses conceitos periféricos – que nada têm a ver com as leis universais –, e vai, paulatinamente, extirpando de si as convenções inócuas encontrando assim, por si mesmo o "Néctar divino".

Ao concluir, perguntemos a nós mesmos, quanto à posição em que estamos colocados, hoje, em matéria de fé: – Já nos habituamos a contatar com Deus em *secreto, na intimidade de nosso aposento interior*, como ensinou o Mestre, ou ainda estamos presos às normas dos rituais exteriores de nossa filiação religiosa?

Pense! Sem qualquer preconceito de crença e sem medo de ser feliz, responda para você mesmo.

12. Fé robusta

"A fé robusta dá a perseverança, a energia, e os recursos que fazem vencer os obstáculos, tanto nas pequenas, como nas grandes coisas". (KARDEC, Allan. O Evangelho segundo o Espiritismo, *cap. XIX, item 2).*

O desenvolvimento da fé é fruto da maturidade pessoal; uns a exteriorizam de forma mais rápida; outros, mais lenta, conforme o progresso do livre-arbítrio de cada um. Afinal, as conquistas da alma são frutos do labor individual no enfrentamento das acerbas lutas, em experiências de séculos e milênios. Como já afirmamos alhures, não há privilégios para ninguém. A fé não é adquirida pela força da "graça divina", pela filiação a uma religião ou, pela prática a determinados rituais, uma vez que ela emerge das profundezas do próprio ser.

Esse entendimento de que a fé é dada ao homem pela "graça", e que certamente, ainda influencia tantos seguidores das várias religiões cristãs, deve-se em parte a Paulo, pois no início de seu apostolado, ainda com a mente cristalizada nos dogmas da lei judaica, afirmava que "a fé é dom".[1] Ora, se é dom, é privilégio que Deus concede somente a determinadas criaturas. A fé, no entanto, é semente da alma que será desenvolvida por

[1] Coríntios, 12:9.

todos, sem qualquer privilégio divino. Posteriormente, o próprio Paulo refaz seus conceitos, apontando a fé como conquista pessoal.

A robustez da fé é adquirida no calor da luta ao longo dos tempos, nesta, e nas reencarnações pretéritas. "A crisálida da consciência, que reside no cristal a rolar na corrente do rio, aí se acha em processo liberatório; as árvores que por vezes se aprumam centenas de anos, a suportar os golpes do inverno e acalentadas pelas carícias da primavera, estão conquistando a memória; a fêmea do tigre, lambendo os filhinhos recém-natos, aprende rudimentos do amor; o símio, guinchando, organiza a faculdade da palavra".[2]

Da mesma forma, os valores da alma – incluindo a fé – se aprimoram diante do desafio dos problemas, encarados ao longo da vida, na árdua batalha dos nossos esforços. Deus nos colocou a potência – tal qual a semente na terra –, de que nós, pela vontade, responsabilizamo-nos para que germine, cresça, floresça e dê bons frutos, pois a atualização cabe a cada um, pela força do trabalho.

Quando a fé se manifesta de "forma robusta", ela dá a criatura perseverança e energia para não 'parar no meio do caminho'. Mesmo diante das adversidades, esforça-se e vai em frente, até conquistar os objetivos visualizados. É o sentido da letra "Tente outra vez", de Raul Seixas, já referida, que sugere que a criatura não esmoreça, tendo fé em Deus e em si.[3] Aliás, Jesus assevera, que "*Aquele, porém, que perseverar até o fim, esse será salvo.*"[4] O que queria dizer o Mestre com essa afirmação? À primeira vista, dá-se a impressão que estava ele se

---

[2] XAVIER, Francisco Cândido, pelo Espírito André Luiz. *Mundo Maior*, cap. 3, p. 45.

[3] Sobre a letra de Raul Seixas, Vide nossos comentários na lição 5, deste livro.

[4] Mateus, 24:13.

referindo 'a um fim' no sentido de término da existência; aliás essa é a interpretação das religiões que adotam a unicidade de existência; o perseverante na vida, nesta linha de raciocínio, terá como premiação após a morte, a transferência para o "céu", repleto de anjos, músicas e outras "fantasias" do chamado "paraíso". Claro que respeito quem ainda pense assim. Eu também certamente em existências passadas pensava assim! No entanto, para a Doutrina Espírita, que é evolucionista, a morte física não é o fim, mas um "fechamento para o balanço", continuando a alma a sua peregrinação em outros corpos num processo contínuo de perseverança para aperfeiçoamento de seus potenciais. Portanto, este "salvar", que é o fim, a meta, proposta por Jesus, tem sentido de educação, de melhoria íntima, que conduz o homem à felicidade, não no término de uma curta existência, mas sempre que se transforma para o bem, em qualquer fase da vida.

Aquele que alcançou o estágio da 'fé robusta' persevera até o fim do objetivo preconizado; mas como o progresso deve ser permanente no processo evolutivo, sempre teremos novas metas a alcançar. Nada está parado, tudo se movimenta no Universo: do átomo ao arcanjo, somos espíritos em constante evolução. A vida continua, e sempre, estaremos defrontando com novos alvos nesta e nas outras existências, quer no mundo físico ou fora dele. Nada disto é conquistado com "jeitinho", só porque o cidadão cumpre "as leis" criadas pelos homens nos estatutos das crenças religiosas. A conquista é fruto do esforço pessoal vencendo as etapas necessárias na conquista dos objetivos. "É necessário apagar as falsas noções de favores gratuitos da Divindade"[5].

---

[5] XAVIER, Francisco Cândido, pelo Espírito Emmanuel. *Pão Nosso*. lição 36.

É altamente ilustrativa a comparação que Jesus faz da *porta larga* e da *porta estreita*. Aquele que está possuído da fé robusta entende a necessidade de se passar por esta porta apertada, que exige vigilância constante, perseverança na eliminação das imperfeições e retificação de atitudes. Esta fé nos conduz à felicidade. Quem assim se comporta, já conseguiu entender o sentido das palavras de Jesus: "Bem aventurados os aflitos, pois serão consolados". Quando a aflição nos bate à porta da consciência e compreendemos, sem revolta, o porquê do sofrimento, somos felizes porque estamos fazendo o caminho de volta à Casa do Pai, isto é, corrigindo os nossos desvios diante da Lei de Deus, potencializada em nosso Reino Interior. Entendemos ainda o sentido da resignação, não como algo estático em que cruzamos os braços aguardando "milagrosamente" a solução divina, mas laborando incansavelmente. É dele o lembrete: "Ajuda-te que o céu te ajudará!"

Muita gente, ainda de fé titubeante, "pára no meio do caminho". Prefere os atrativos da porta larga, simbolizada nas rédeas soltas das paixões desenfreadas pelos atrativos mundanos. É o caminho preferido da grande maioria, porque as más paixões são numerosas; é neste estágio em que se encontra a humanidade. Quando questionado por um homem se são poucos os que se "salvam", pois, a grande maioria prefere a porta larga, Jesus assevera: "Esforçai-vos por entrar pela porta estreita, porque eu vos digo que muitos procurarão entrar e não poderão"[6].

Atente-se para o conceito de "salvação". Ratificando o que afirmamos, tem ela sentido de educação, de perfeição da alma. É óbvio que não podemos nos prender

---

[6] Lucas, 13:24.

à literalidade do texto, pois, neste caso, poucos alcançariam a perfeição, principalmente se entendermos a vida por uma única existência. Quando Jesus afirma que "muitos procurarão entrar e não poderão", refere-se ao estágio provisório que se encontra a criatura, pois todos, mediante experiências múltiplas, nas existências sucessivas, adquirirão a chamada fé robusta e caminharão decididamente para o alvo maior que é a perfeição.

Na busca de nossos objetivos devemos ter fé positiva, confiar em nossos potenciais divinos, jamais deixando que terceiros impeçam a realização de nossas esperanças. Não é aconselhável em matéria de fé, fixarmo-nos na experiência dos outros; enquanto não criarmos raízes próprias, isto é, não a desenvolvermos, pelos nossos próprios esforços, não edificaremos a firmeza espiritual e não nos aperfeiçoaremos.

Quem edifica a fé – experiência pessoal –, sem viver da cópia dos outros, é semelhante ao homem prudente que construiu sua casa sobre a rocha, podendo vir a chuva, as tempestades, os vendavais da vida que ela permanece firme. Neste caso, efetivamente, ela não foi edificada sobre as experiências dos outros. Os que agem na base da cópia exteriorizando falsamente o que não conquistou representa a versão atualizada de "sepulcros caiados" a que se referia Jesus.

É conhecida a história da **corrida dos sapinhos,** de autor desconhecido, que retrata bem esta situação de fé titubeante, em que os incrédulos influenciam em nossas vidas:

> *Era uma vez um tempo em que os bichos falavam... Nesse tempo também havia alegria, diversão e competição e, em certa ocasião, decidiram realizar uma corrida de sapinhos. Eles tinham que subir uma grande torre, e atrás havia uma multidão, muitos outros bichos para vibrar*

com eles.

Começou a competição e a multidão dizia:

"Não vão conseguir. Não vão conseguir"

Os sapinhos iam desistindo um por um. Menos um que continuava subindo.

Aí aclamava a multidão: "Vocês não vão conseguir".

E os sapinhos iam desistindo um por um, menos um que subia tranqüilo.

Ao final da competição, todos desistiram menos aquele.

Todos ficaram curiosos para saber o que tinha acontecido.

Quando foram perguntar ao sapinho como ele conseguiu chegar até lá, descobriram que ELE ERA SURDO.

Moral da história: Não permitamos que as pessoas com o péssimo hábito de serem negativas derrubem as melhores e mais sábias esperanças de seus corações. É preciso que sejamos "surdos" quando alguém disser que não somos capazes de realizar nossos objetivos. Tenhamos fé positiva em nós mesmos e alcançaremos as metas que idealizamos.

O Espírito Emmanuel, alerta-nos que: "Nos empreendimentos e necessidades de nossos caminhos, não podemos nos isolar em posições negativas. Jesus pode tudo, os nossos amigos verdadeiros farão o possível por nós; contudo, nem o Mestre e nem os companheiros realizarão em sentido integral a felicidade que ambicionamos, sem o concurso de nossa fé, porque somos filhos do mesmo Deus, com as mesmas possibilidades de elevação"[7].

---

[7] XAVIER, Francisco Cândido, pelo Espírito Emmanuel. *Pão Nosso*, lição 113.

Quando medito nestas mensagens profundamente educativas do Espírito Emmanuel, lembro-me sempre do "Gigante Deitado" – Jerônimo Mendonça, citado páginas atrás –, figura que me marcou profundamente por suas lições de fé, amor e esperança. A Doutrina Espírita foi para ele o oásis consolador, mesmo diante das privações físicas de que era portador – era tetraplégico e cego. Após leituras que fazíamos sobre as lições de Emmanuel, ele parava alguns segundos na meditação e nos dizia: – "Mas que sabedoria desse Espírito, professor!"

13. A fé cega cura?

"Tudo é possível àquele que crê". (Marcos, 9:23).

Às vezes a cura pode ocorrer pela manifestação da fé cega, com base numa forte confiança do doente em determinado agente exterior; este agente pode ser materializado de várias formas: um objeto material – pé de coelho, água dinamizada, fitinhas de santos, colares místicos –, santuários sagrados – de Aparecida, Gruta de Lourdes, Templo Budista, Estátua do Padre Cícero (padim) –, ou em determinadas pessoas – padre, pastor, médium, pai de santo, entre outros. Nesses casos, o doente, ao demonstrar fé ardente na sua cura, cria espaço para que se desencadeie o funcionamento do organismo, podendo alterar as secreções glandulares, hoje (ano de 2005 ou antes até) os médicos falam na liberação das endorfinas, ou seja, morfina no sangue para tirar a dor; falam nas serotoninas, da adrenalina para acelerar a velocidade das reações bioquímicas mexendo no corpo inteiro, no conteúdo da corrente sangüínea e produzir outras alterações físicas sem qualquer explicação científica; há um "desbloqueio" mental, diante dos problemas que impediam a plena manifestação do potencial da fé.

Quando Jesus diz: "a tua fé te curou", obviamente não se referia a que estágio de fé, encontrava a criatura –

infantil, adolescente ou adulta – [1], já que ela é FONTE UNIVERSAL imanente em todos os seres, e que uma vez vitalizada pela vontade, produz coisas extraordinárias que aos leigos são consideradas como "milagres". Aliás, disse ele, que bastava que se tivesse fé do tamanho de um "grão de mostarda" para que conseguisse "remover montanhas". Uma vez ocorrida a cura, conforme a crença do paciente, pode se alegar que ela foi produzida por Jesus, por Maria, por Buda, pelo santo, pelo Espírito, entre outros. No entanto, a cura foi produzida pela própria pessoa.

Temos presenciado esse fato nos tratamentos espirituais, que nossa Casa Espírita realiza. Muitas pessoas chegam à Casa com problemas emocionais de toda ordem, ocasionados por situações conflituosas não resolvidas: na vida conjugal, no trabalho, nos relacionamentos sociais. Depois de já terem passado por várias crenças religiosas, sem qualquer solução do problema, querem solução imediata! Dizem que estão sendo vítimas de "influência espiritual!" Joga-se tudo nas "costas largas" dos Espíritos, quando não dizem que é coisa do "Demo". Não se descartando a presença de entidades no problema, mas na maioria dos casos, a desordem emocional é fruto da imprudência e negligência da própria criatura. Muito bem. Após a mudança comportamental com a conquista de novos hábitos através de boas leituras, preces diárias, estudo em grupo, há sensível melhora e, muitas vezes, a cura é total dos males. E aí é comum transferir essa "cura" à Casa Espírita, ou a determinado guia espiritual do médium etc... Na realidade a pessoa se curou "por si mesma", secundada, é óbvio, por ajuda de agentes externos: as palestras, passes, leituras edificantes, aconselhamentos, entre outros recursos.

[1] Ver nossos comentários sobre os estágios da fé, na Lição 4, desta obra.

Assim, a fé deve acionar – pela vontade – o motor interno, produzindo a energia ativa, presente em todas as criaturas humanas. Há um fato ocorrido com Chico Xavier[2] que merece análise, sob o ponto de vista psicológico, mostrando-nos o que a fé pode realizar, mesmo que a criatura esteja ainda presa à chamada fé cega.

MEDICAÇÃO PELA FÉ

A moça abatida, num acesso de tosse, chegara ao "Luiz Gonzaga" e no receituário o doutor Bezerra de Menezes prescreveu a receita médica.

Estava tuberculosa.

Duas hemoptises já haviam surgido como horrível prenúncio.

O doutor Bezerra indicara remédios, entretanto...

— Chico, – disse a doente – o médico me atendeu e aconselhou-me a usar esta receita por trinta dias...

Mas não tenho dinheiro. Você poderia arranjar-me uns cobres?

O médium respondeu com boa vontade:

— Minha filha, hoje não tenho... E meu pagamento no serviço ainda está longe...

— Que devo fazer? Estou desarvorada...

Chico pensou, pensou, e disse-lhe:

— Você peça a nossa Mãe Santíssima socorro e o socorro não lhe faltará. A que horas você deve fazer a medicação?

— De manhã e à noite.

— Então você corte a receita em sessenta pedacinhos. Deixe um copo de água pura na mesa, em sua casa

---

[2] GAMA, Ramiro. *Lindos Casos de Chico Xavier*, p. 53.

e, no momento de usar o remédio, rogue a proteção de Maria Santíssima. Tome um pedacinho da receita com a água abençoada em memória dela e repita isso duas vezes por dia, no horário determinado, sem dúvida, pela fé, você terá usado a receita.

A enferma agradeceu e saiu.

Passado um mês, a moça surgiu no Centro corada e refeita.

— Oh! É você? – disse o médium.

— Sim, Chico, sou eu. Pedi o socorro de Nossa Mãe Santíssima. Engoli os pedacinhos do papel da receita e estou perfeitamente boa.

— Então, minha filha, vamos render graças a Deus.

E passaram os dois à oração.

Kardec divide a fé religiosa em fé *cega* e *raciocinada*. Aqui está um exemplo da fé religiosa, mas ainda cega, em que a pessoa obtém resultados de cura, sem qualquer compreensão científica. O Chico pede para se orar para a Mãe Santíssima, mas poderia ser para qualquer outra entidade, pois o que vale é o objeto da fé. Se a doente acreditasse num santo de sua devoção, ou se não fosse cristã, mas fosse vinculada ao Islamismo, a Allah e tivesse fé, a cura teria ocorrido da mesma forma. A tua fé te curou, diria Jesus, neste caso.

Referindo-se especificamente, aos "passes" na Casa Espírita, ninguém desconhece a sua importância terapêutica, pois são energias renovadoras doadas de boa vontade pelo passista, com a participação da Espiritualidade Superior, que beneficiam a saúde e restabelecem o equilíbrio. No entanto, os passes constituem-se em "terapias auxiliares" que ajudam no momento, mas não removem a causa do problema. Lembremo-nos que Jesus não atribuía a ele a cura, mas a fé ativa do próprio paciente. E aí reside o perigo da famosa "acomodação" da criatura, achando que seus problemas serão sanados, tão-somente recebendo "passes". O paciente precisa, diante de certos desequilíbrios, trabalhar na mudança de seus comportamentos, melhorando o padrão mental. O que se vê hoje, é um contingente de "clientes fixos" que se habituaram a pertencer ao rol dos "papa-passes". Ora, ninguém deve se tornar dependente do passe. Ele ajuda, mas cada um deve fazer sua parte, lutando pela superação dos problemas. Daí a importância do estudo na Casa Espírita. É do Espírito de Verdade o conselho: "Espíritas! amai-vos, eis o primeiro ensinamento; **instruí-vos**, eis o segundo"[3].

A psicóloga Carmem Bueno Neme, especialista em psicossomática e professora da Universidade Estadual Paulista, em Bauru, é categórica: "A fé desperta uma força que definitivamente ajuda a curar"[4]. A psicóloga fala sobre o efeito placebo: Fórmula farmacêutica sem atividade, cujo aspecto é idêntico ao de outra farmacologicamente ativa. Caso o placebo provoque algum resultado positivo, este será, apenas, de natureza psicológica, que nada tem a ver com a espiritualidade, mas ajuda a explicar o poder terapêutico de acreditar, pura e simplesmente.

Conta-nos ela, o caso clássico de um paciente com um câncer que se espalhara pelo organismo, tendo lido um artigo sobre um medicamento que poderia fazer regredir sua doença e pediu ao médico para se submeter ao tratamento. O médico impressionado com tamanha fé, resolveu dar-lhe água destilada, porque a droga estava ainda em fase experimental.

---

[3] KARDEC, Allan. *O Evangelho segundo o Espiritismo*. Cap. 6, item 5. Remetemos o leitor para a leitura de nosso livro, *Prontidão para Mudança* na lição 7.5, referente ao tema: Estudo sério e contínuo.

[4] *Revista Saúde,* nov. 2003, n.º 242, Editora Abril, p. 36-37.

O doente acreditando estar mesmo tomando o remédio, apresentou uma reversão do quadro em poucos dias. Pouco tempo depois, o mesmo indivíduo leu um novo artigo, desta vez desmentindo a eficácia da droga. Foi o bastante para que os tumores ressurgissem. Surpreso com a força da sugestão, o médico convenceu-o de que ele havia tomado a droga de um lote com defeito. Resultado: logo a doença sumiu de vista. Por fim, o doente leu outro estudo que definitivamente desacreditava tal droga. Após sofrer uma piora, morreu.

A competente e atenciosa pediatra Dra. Lis Moraes da Graça, formada pela Universidade Federal do Rio de Janeiro e que trabalha em diversos hospitais públicos, inclusive no Hospital São Sebastião, que socorre casos mais graves da criançada, narra este episódio[5]:

A mãe leva o filho a um médico. Este prescreve a medicação apropriada. Mas a criança não sara. A mãe volta ao mesmo Hospital e consulta a criança com outro médico em quem a ***mãe da criança confia****. Este médico passa o mesmo remédio e aí a criança fica boa.*

Bem, aí se pode levantar a questão da superdosagem. ***Não****! As substâncias não são, nestes casos, peça fora do organismo.* ***Não****. Tais medicamentos não são reforçados. Temos aqui o* ***poder da fé de um coração materno****...*

Efetivamente "tudo é possível àquele que tem fé". O único processo que provoca verdadeiramente a cura nestes casos, não são os agentes exteriores, mas a fé; esses agentes são sempre coadjuvantes, provocadores da "ativação" dos poderes internos do paciente. Não queremos com isso ser defensores da manutenção na fé cega nas pessoas. Longe disso! Seria o mesmo que manter as pessoas analfabetas, quando temos a possibilidade de

---

[5] Fato narrado pelo escritor, Prof. Celso Martins ao autor.

educá-las. Somente estamos argumentando que, enquanto não se desperta para a fé raciocinada, baseada na razão, o mecanismo da fé funciona para aquele que a coloca em ação.

O Espiritismo, no entanto, pauta-se no desenvolvimento da fé raciocinada, de tal sorte que, embora tenha por meta orientar as criaturas para esse desenvolvimento, sabe que por ser conquista lenta e gradual, e que cada um encontra-se em determinado estágio que lhe é próprio, vai encontrar muitos companheiros, mesmo dentro de suas fileiras, ainda presos às idéias infantis com respeito à fé. Todos no entanto, recebem o mesmo respeito e Deus os ampara da mesma forma.

Quando a fé está apoiada no erro, cedo ou tarde se desmorona. Saliente-se que encontramos pessoas "letradas" detentoras, muitas vezes de títulos acadêmicos, que ainda não amadureceram e, na liderança de suas crenças transmitem aos seus seguidores a fé dos livros sagrados interpretados em sua literalidade. São cegos guiando cegos, na expressão de Jesus; ora, "impor a alguém a fé cega sobre uma questão de crença, é confessar sua impotência para se demonstrar que se está com a razão".[6]

Ratificamos que, embora o objetivo no processo evolutivo seja o de atingir a fé raciocinada, quando se verifica plena convicção que sua oração será atendida, a criatura abre as comportas do seu "eu psicológico", liberando o potencial para a realização da cura. Não importa se a situação é de desespero ou de angústia, só há um único caminho: a fé. Pela fé Deus flui abundantemente de nosso interior, trazendo-nos a

---

[6] KARDEC, Allan. *O Evangelho segundo o Espiritismo*, cap. XIX, item 6.

solução para os males psíquicos. Assim, como o filho pródigo encontrou o caminho de volta para a Casa do Pai na sua intimidade, da mesma forma, também devemos seguir o mesmo roteiro e buscá-Lo dentro de nós mesmos!

Mais hoje, mais amanhã, nesta ou nas existências posteriores – é questão de tempo –, todos encontrarão esse roteiro de retorno à Casa do Pai... Jesus assim o fez; em vários momentos da vida se recolhia em "secreto" para falar com Deus dentro de si mesmo. Momentos antes de sua prisão, conversa ele com Deus, dizendo: "Aba, todas essas coisas te são possíveis. Afasta de mim esse cálice"[7]. Aba significa "pai". Antes dele ninguém falara com Deus com tanta intimidade. Por sua experiência íntima e pessoal, de quem já desenvolvera o Reino de Deus em si mesmo, nos ensina que todos nós podemos encontrar Deus, pois afinal o Reino de Deus está dentro de nós!... O salmista Davi transmite-nos a mensagem da busca de Deus como nosso abrigo, cantando: "Deus é nosso refúgio e nossa força, socorro bem presente nas tribulações"[8]. Ao invés de "milagreiro" como se propala na maioria das crenças religiosas, a grande missão do Mestre foi de ensinar à Humanidade o encontro com Deus. Não lá no "céu", mas dentro de si mesmo!...

---

[7] Marcos, 14:36.

[8] Salmo, 46:1.

14. Fé não se receita

"Ninguém pode, pois, em sã consciência, transmitir, de modo integral, a vibração da fé ao espírito alheio, porque, realmente, isto é tarefa que compete a cada um". (Xavier, Francisco Cândido, pelo Espírito Emmanuel. Vinha de Luz, *p. 92).*

Como receitar a fé, se ela é conquista pessoal e fruto da maturidade do Espírito em sua escalada evolutiva? Ela é lenta e gradual. Não se aprende por receituário, seja de quem vier a fórmula mágica. Os próprios apóstolos, admirados, diante da maravilhosa manifestação de fé por Jesus, pedem a Ele: Senhor: *"Aumenta-nos a fé"*.[1] Como se fé fosse algo que se transmitisse por ensinamentos! Ora, a fé é conquista pessoal. A fé não aumenta nem diminui por fórmulas miraculosas, por lei ou por decreto. Ela está potencializada em todos os seres, mas seu crescimento não se dá de forma abrupta. Ela é princípio divino em todas as criaturas. Pode ficar adormecida por um bom tempo, em razão da inércia do ser, mas ninguém a perde. Não se adquire por que se leu em um manual, ou porque é detentor de titulação acadêmica, ou porque se é padre, pastor ou líder religioso de qualquer crença. É tarefa de competência da própria criatura!

---

[1] Lucas, 17:5.

Sob esta visão, percebe-se que muitas pessoas são dotadas dessa *força da fé*, desde o nascimento. Confiam em si mesmas e realizam coisas materiais extraordinárias. Tudo lhes parece dar certo! Diz-se, assim, que a fé é inata. Outras, no entanto, demonstram enorme dificuldade de expressá-la. Para os desavisados, Deus as agraciou com este dom. E as outras pessoas? Não são filhas de Deus também? Todas são portadoras da mesma semente divina e das mesmas oportunidades; não existe essa de "privilegiado" que nasceu "com boa estrela" e que a tem por graça do "Espírito Santo", ou outros subterfúgios atribuídos a Deus. "As primeiras já acreditaram e compreendem; trazem ao *renascer*, a intuição do que sabiam; sua educação está feita; as segundas, têm de aprender tudo: sua educação está por fazer mas, ela se fará e se não concluir nesta existência se completará em outras". [2]

Na Carta aos Hebreus, Paulo escreve: *"Ora, a fé é a certeza das coisas que se esperam, e a prova das coisas que não se vêem"*[3]. Nota-se que quem já a possui – conquista das várias migrações da alma –, movimenta-se em busca do alvo com a certeza plena, pois tem uma antevisão e convicção de que as coisas ocorrerão tal como objetivara. Não vêem, mas são dotadas de energia interior, sem qualquer dúvida que alcançarão aquilo que esperam. Não existe aqui fórmula alguma transmitida por alguém, ou, como se expressa no linguajar popular: "Ninguém ensinou o caminho das pedras". Essa força foi conquistada ao calor das acerbas lutas íntimas... A conquista da fé viva e ardorosa não é serviço que se consegue gratuitamente, como privilégio divino.

---

[2] KARDEC, Allan. *O Evangelho segundo o Espiritismo*. Cap. XIX, item 7.

[3] Hebreus, 11:1.

Quando se lança semente ao solo tem-se a certeza que ela produzirá de acordo com sua espécie. Se a semente é de laranja sabe-se que pelas leis biológicas, no tempo certo, se colherá laranja. Mas para que cresça saudável e produza o máximo, a semente plantada não prescinde de assistência do pomicultor, procedendo a limpeza da terra, fornecendo-lhe o adubo necessário, colocando os produtos orgânicos que, preventivamente as isente de pragas, e outras precauções necessárias. Deus também nos dá tudo na "terra de nós mesmos", para que pelo próprio esforço façamos brilhar a luz da fé em nosso íntimo. "A sublime virtude é construção do mundo interior, em cujo desdobramento cada aprendiz funcionará como orientador, engenheiro e operário de si mesmo".[4]

Ramiro Gama [5], reporta-nos, no seu livro, *"Lindos Casos de Chico Xavier"*, um fato ocorrido com o nosso Chico Xavier, denominado: **Uma Lição sobre a fé**, que resumidamente, passamos a expor:

> *Um simpatizante do Espiritismo viajou de Santos para Pedro Leopoldo, em Minas Gerais, onde o Chico nasceu e iniciou suas atividades mediúnicas, buscando orientações sobre seus "problemas de fé.".*
>
> *Ao chegar na cidade, o médium estava ausente de sua casa, prestando serviços, em atendimento à sua chefia, pois era servidor público; não podia, portanto, atender o visitante.*
>
> *O visitante insistiu com os responsáveis do Centro Espírita "Luiz Gonzaga", para que desse "um jeitinho" e chamasse o Chico para atendê-lo; como não podia permanecer por muitos dias na cidade, e tendo que*

---

[4] XAVIER, Francisco Cândido, pelo Espírito Emmanuel. *Vinha de Luz*, p. 91.
[5] GAMA, Ramiro, *Lindos Casos de Chico Xavier*, p. 100-101.

regressar ao lar, comentou com vários amigos:

— Duvido muito da mediunidade. Imaginem no meu caso com o Chico Xavier. Viajo para Pedro Leopoldo com sacrifício de tempo e dinheiro. Chego à cidade e informaram-me, que o médium estava ausente. Perdi a minha fé, pois tenho a idéia de que tudo seja simples fraude e estou convencido de que o Chico se esconde para melhor sustentar a mistificação.

Um dos companheiros de ideal escreve, aflito, ao Chico, relatando-lhe a ocorrência.

Não seria aconselhável procurar o queixoso e atendê-lo?

O pobre homem parecia haver perdido a confiança no Espiritismo.

O médium muito preocupado pede o parecer de Emmanuel e o devotado orientador responde-lhe: com serena precisão:

— Deixe este caso para trás. Se a fé nesse homem for erguida sobre você é melhor que ele a perca desde já, porque somos todos, criaturas falíveis. A fé para ele e para nós deve ser construída em Jesus, porque, somente confiando em Jesus e imitando-lhe os exemplos, é que poderemos seguir a Deus.

Assim, ninguém, mas ninguém mesmo, pode criar fé para o outro. É o mesmo que querer que alguém faça estudos em nosso lugar, ou alimente-se por nós. Quando temos fé nas pessoas e não em nós mesmos, não crescemos, paralisando os nossos potenciais. Nesse caso em questão, Emmanuel nos alerta para a fé construída nas pessoas, no caso, o nosso saudoso Chico Xavier. Hoje, o Chico está no mundo espiritual e se a fé fosse construída sobre ele, como ficaria o nosso crescimento pessoal? Certamente, paralisada.

Por essa razão os grandes líderes espirituais apenas

apontam o caminho, deixando aos liderados a tarefa de caminharem por si. Em matéria de fé, o processo é o mesmo: cada um deve ser o operário de sua construção. É necessário desconfiar da fé que não é obtida pelos próprios esforços, com base na reflexão e maturidade. Ao citar Jesus, neste caso, Emmanuel orienta-nos a seguir os seus ensinamentos – como guia e modelo a ser seguido – válidos tanto antes, como hoje, pois são leis universais e eternas.

Precisa-se precaver contra as influências perniciosas do mundo neste processo de crescimento da fé. Existe toda sorte de "convites" para desviar nossa atenção dos caminhos do crescimento. Às vezes o atrativo é de forma tão sutil que nem sempre percebemos. É preciso estar atento! Lembremo-nos do alerta de Paulo: *"Tudo me é lícito, mas nem tudo me convém!"*[6]. Temos o livro que constrói, e aquele que nos conduz a divagações mentais ociosas; discussões infrutíferas que baixam nosso padrão vibratório; filmes que educam e outros que sugestionam para o mal e outros tantos convites para se adentrar à *porta larga* das ilusões mundanas.

Jesus, referindo a esta escalada própria que cada um deve encetar – sem receitas mágicas –, para a conquista da Espiritualidade, mostra que a fé se manifesta em estágios crescentes, mas sem milagres, pois a *Natureza não dá saltos*. É um caminhar que exige de cada um, o esforço e persistência. Diz ele, usando da simbologia do plantio da semente do trigo, cultura comum da época: *"Primeiro a erva, depois a espiga e, por último, o grão cheio na espiga"*[7]. De início, a fé é frágil e titubeante, tal como a erva; ensaia-se para a fase seguinte, estando a criatura

---

[6] Coríntios, 6:12.

[7] Marcos, 4:28.

sujeita às influências do mundo. Na fase seguinte, já se fortaleceu um pouco mais: é a erva que se transforma na espiga. Mas ainda está sujeita às explosões íntimas, as recaídas. E por fim, manifesta-se com fé autêntica, operosa e confiante, produzindo frutos. Eis a simbologia do grão cheio na espiga.

15. *Morto-vivo*

"Segue-me e deixa aos mortos o cuidado de enterrar os seus mortos". (Mateus, 8:22).

Sem a força ativa da fé o homem está *morto* em si mesmo, preso ao seu próprio túmulo. Na verdade ninguém está desprovido dela, pois, todos o seres são dotados de sua essência, podendo, no entanto, encontrar-se adormecida. Mas, com a maturidade acende-se a luz da razão e refulge das profundezas da alma essa energia, libertando o homem dessa *morte* e da prisão deste *túmulo*.

A fé é o dínamo interno que impulsiona o ser à ação, independente de crer ou não em Deus. Seja lá o nome que dermos a essa Força Interior: Inconsciente, Sabedoria Universal, EU Maior, Deus etc., quando temos fé em nós mesmos, estamos, implicitamente, reverenciando o Deus imanente em nossa intimidade. Aliás, o salmista Davi, citado depois por Jesus, ao proclamar: *"Vós sois deuses"*, está afirmando, com isso que todos somos portadores da *semente da sabedoria* em gérmen, cuja atualização depende da força de vontade de cada um.

Quando dizemos – a título de exemplo –, que o país tem um enorme potencial de riquezas, estamos querendo expor que este potencial, para ser transformado efetivamente em bens, precisa da *vontade* dos governantes para ser explorado com planejamento, implementação de capital, mão de obra, tecnologias próprias etc.. Da mesma forma, se a fé é uma força *in potencia* em nosso interior, só será desenvolvida, através do tempo, nas várias experiências do ser em evolução, mediante o *despertar* da consciência. Este processo é lei universal, cujo crescimento pode ser mais lento ou mais rápido, de acordo com o estado de prontidão da criatura para avançar. Mas todos são candidatos a esse desenvolvimento, pois isto é da Lei do progresso.

Quando Jesus recomendou aos seus discípulos que o seguiam que *"deixassem aos mortos o cuidado de enterrar os seus mortos"*, à primeira vista, interpretou-se como um ato de desrespeito aos mortos, ou no mínimo falta de caridade com nossos parentes e amigos. No entanto, Emmanuel, com sabedoria, esclarece-nos que: "o cadáver é carne sem vida, enquanto um morto é alguém que se ausenta da vida".[1]

Quantas pessoas que se manifestam na vida como mortos ambulantes, divorciados dos valores eternos, ausentes da fé e encerrados em verdadeiros túmulos criados por si mesmos? Estão alheios ao crescimento espiritual, presos ao egoísmo, afastando-se do serviço do Bem. São "mortos-vivos"... É a estes que Jesus recomendou aos seus discípulos: "Ide e pregai, curai os enfermos e **ressuscitai os mortos**". Os literalistas dos textos bíblicos passaram a interpretar este aconselhamento com estapafúrdia idéia de ressuscitar "mortos". Ao corpo que efetivamente morreu, não existe ressurreição.

Sob esta óptica, Jesus não ressuscitou no corpo físico, voltou ao Mundo Maior em Espírito. "A alma volta a ser Espírito, isto é volve ao mundo dos Espíritos, donde se apartara momentaneamente"[2]; o Espírito segue o seu curso evolutivo normal, ocupando, posteriormente, outro

---

[1] XAVIER, Francisco Cândido, pelo Espírito Emmanuel. *Fonte Viva*, lição 143.
[2] KARDEC, Allan, *O Livro dos Espíritos*, Q. 140.

veículo de manifestação, em nova jornada reencarnatória.

Recomendou Paulo: "Acorda tu que dormes", aconselhando àqueles que se mantêm "mortos-vivos", a não deixar adormecida essa força divina. Mãe de todas as virtudes, nos conduz à iluminação interior, oportuniza o desenvolvimento de todas as suas filhas: bondade, serenidade, benevolência, paciência, confiança, humildade, esperança, caridade etc. À semelhança do amor, que todos trazemos em gérmen dentro de nós, a fé precisa germinar em nosso coração e ser cultivada por nós à luz da razão. Assim, a fé nos é dada como semente, mas temos de cultivá-la e desenvolvê-la. Nesse sentido, a fé se torna uma conquista intransferível.

Meimei, em motivadora mensagem a respeito da fé, através do nosso saudoso Chico Xavier, ensina-nos que não podemos esmorecer nunca e que devemos confiar sempre, não perdendo a fé entre as sombras do mundo, porque: "De todos os infelizes os mais desditosos são os que perderam a confiança em Deus e em si mesmo, porque o maior infortúnio é sofrer a privação da fé e prosseguir vivendo"[3].

Eis aí o simbolismo do "morto-vivo", que vegeta no corpo físico, morto para os objetivos maiores da vida. Mergulha no próprio túmulo da indiferença, ausentando-se do dever. Sem a inspiração divina a fé não se renova. A maior infelicidade é sofrer a ausência da fé e viver no sepulcro das nossas viciações.

---

[3] XAVIER, Francisco Cândido. *Confia sempre*, pelo Espírito Meimei.

16. Religião de Jesus

"Deus é Espírito e importa que os que o adoram adorem em espírito e em verdade". (João, 4:24).

Já ouvimos várias vezes dizer que Jesus foi quem criou o catolicismo, sendo, portanto o verdadeiro Cristianismo – e, por isso, cognominada de Igreja-mãe. As demais, bem... as demais são vistas de cima da cátedra, como secundárias! Em razão de um versículo do Evangelho de Mateus, atribuído a Jesus[1] – Tu és Pedro, e sobre esta pedra construirei minha igreja, ... Eu te darei as chaves do Reino dos Céus –, nomearam, retroativamente, Pedro como o primeiro Papa. Só que Pedro nunca soube disso! Era ele, simplesmente um humilde pescador que o Senhor convidara para participar de seu trabalho de divulgação da Boa Nova, tendo se notabilizado pela presença marcante, entre os doze apóstolos, neste mister. Com a morte de Jesus, Pedro entrega-se até o final de sua vida ao apostolado da caridade, e "chamando a si os aflitos e enfermos, inaugurara no mundo a fórmula da verdadeira benemerência social"[2]. Sua residência transformara-se com a participação de vários companheiros do

[1] Mateus, 16:18-19.
[2] XAVIER, Francisco Cândido pelo Espírito Emmanuel. *Paulo e Estêvão*, p.60.

"Caminho" no oásis de amor, onde eram acolhidos os enfermos e desvalidos de toda ordem. Lá no "Caminho", os carentes, as alma ressequidas, recebiam a fraternidade, buscavam a esperança no atendimento fraterno naquela figura simples, que emanava de seu olhar a confiança e tranqüilidade aos necessitados. A meu ver, Jesus se referia à mediunidade de Pedro! A mediunidade e a humildade sustentam a fé!...

Como os Evangelhos sofreram adulteração ao longo dos séculos, referindo-se a esse versículo, temos que verificar se realmente Jesus pronunciou mesmo essas palavras, ou se houve falha de tradução de uma língua para outra, ou ainda se colocaram "em sua boca", por interesse do grupo religioso dominante. Sabe-se que o Evangelho de Mateus foi escrito quase meio século após a morte de Jesus na cruz, tendo por base sumários registros de uma tradição oral, e na memória dos que conviveram com ele.

Diz o ditado popular que "quem conta um conto, sempre aumenta um ponto!". E, às vezes, corta-se... Eram escritos baseados em "ditos do Senhor"; não há, obviamente, qualquer referência bibliográfica, nem ordem seqüencial. "São pensamentos soltos, iniciados com a expressão *Jesus disse*, ou *ele disse*".[3] Além do mais, muitas enxertias, ao longo dos séculos, foram efetuadas por interesse do sacerdócio organizado. Não se pode aceitar como verdadeiro tudo que consta nos Evangelhos. É preciso passar pelo raciocínio. Todas as palavras, todos os fatos que neles estão consignados não poderiam ser atribuídos ao Cristo, mesmo porque foram escritos muitos anos após a sua morte, pelo "ouvir dizer".

Não há nos Evangelhos, além do de Mateus, nenhuma

[3] MIRANDA, Hermínio C. Miranda. *Cristianismo, a mensagem esquecida*, p.153.

citação de que Jesus teria criado uma Igreja. Vários estudiosos e intérpretes dos Evangelhos, acreditam pela lógica dos fatos históricos, em enxertia ou acomodação para dar credibilidade às constantes modificações estruturais na Igreja Católica, Apostólica, Romana, nos vários concílios, e as necessárias adaptações aos textos bíblicos; com isso, nada melhor do que colocar na boca do Senhor: "Tu és Pedro, e sobre esta pedra construirei minha igreja". Desta forma, pelos estudos de vários pesquisadores, tudo faz crer pela seqüência dos fatos, que o versículo foi escrito retroativamente, considerando Pedro o primeiro Papa e Jesus dando início à fundação de sua Igreja.

Ora Jesus não criou Igreja nenhuma! Ele era judeu de nascimento, mas contestou muitos acessórios e penduricalhos introduzidos à Lei como "Palavra de Deus". Ressalte-se que "a palavra original grega – *ekklesia* – quer dizer comunidade, reunião de pessoas, religiosas ou não. É com essa conotação que começou a ser aplicada, nos Atos e nas Epístolas, ou seja, um local onde se reuniam os cristãos, não como uma igreja fundada e institucionalizada por Jesus, com a sua estrutura administrativa, ritualística, sacramental e doutrinária".[4] Não há mal nenhum em perguntar: Por que o Evangelho de Marcos – companheiro de Mateus, e sobrinho do próprio Pedro – omite esse ponto importante e fundamental da criação da Igreja?

Se pudéssemos perguntar a ele, hoje: Qual é sua religião? Ele diria: "a árvore é reconhecida pelos seus frutos". Pelos ensinamentos constantes em várias passagens dos Evangelhos podemos concluir que ele pouco se importou com a preferência de crença religiosa, pois sua preocupação era com o despertar do Reino de Deus nas criaturas,

---

[4] Ibid.

libertando-as do legalismo imposto aos homens como "Palavra de Deus". Parece-nos que nos dias de hoje, não é muito diferente! Os sacerdotes mais se preocupavam com a *forma* do que com a *essência*; pregavam práticas exteriores, deixando em segundo plano a essência, que é o verdadeiro encontro com Deus na intimidade. Em Lucas, ele deixa claro que não são com rituais e práticas externas que se fala com Deus, ensinando: "Nem dirão: Ei-lo aqui! Ou ei-lo ali. Porque o Reino de Deus está dentro de vós"[5]. Jesus ensinou a busca do Reino de Deus – na intimidade de cada um, sem qualquer rótulo religioso – e, em seu lugar –, arvorando-se em protetora do destino dos homens – surge a Igreja.

No célebre diálogo de Jesus com a mulher samaritana, quando esta tirava água no famoso poço de Jacó, Jesus pede a ela: "Dá-me de beber". A mulher estranha o pedido, pois judeus e samaritanos não se entendiam, por causa de crença religiosa. E mais, a mulher não podia falar com nenhum homem na rua. Mais ainda, os judeus diziam que a água que os samaritanos bebiam era mais suja do que o imundo sangue dos porcos, abundantes naquelas regiões...Os samaritanos aceitavam apenas os cinco primeiros livros da Torá, e os judeus além da Torá, os Profetas. Daí a separação, até por razões meramente políticas e raciais! E Jesus sendo judeu, ali estava pedindo água a uma samaritana; "Aquele que beber desta água do poço, logo voltará a ter sede, mas a água que eu dou, disse ele, torna-se dentro de todos uma fonte permanente, dando-lhes de beber a vida eterna para sempre". Por favor, Senhor, disse a mulher, "dê um pouco dessa água para mim! Assim nunca mais terei sede, nem terei de fazer esta longa caminhada até aqui todos os dias".[6]

A mulher logo pensou no *vai-e-vem* da penosa

---

[5] Lucas, 17:20-21.

[6] João, 4:13-15.

caminhada que fazia todos os dias para tirar água do poço e abastecer sua casa; com essa "água viva" – pensou ela –, saciarei a sede e não precisarei tirar mais água do poço! Não havia entendido o sentido figurado que o Mestre dava à água. Refere-se ele, obviamente, ao refrigério para a alma, o encontro com Deus no Poço Divino, nas águas profundas de cada um; aí jorrará a "água viva", ou seja, a água espiritual que refresca a mente em estado de conturbação. Quem entra em contato com essa "água viva", sempre terá respostas às suas necessidades e jamais terá sede.

E depois vem o extraordinário e célebre desfecho. A samaritana pergunta: "Por que vocês, os judeus, insistem em que Jerusalém é o único lugar de oração, enquanto nós, os samaritanos, dizemos que é aqui (no Monte Gerezim), onde os nossos antepassados adoraram?" Jesus respondeu: "Mulher, crê-me, está chegando a hora de não nos preocuparmos na adoração do Pai neste monte ou Jerusalém. Não é onde adoramos que tem valor, mas como adoramos. Como Deus é espírito a nossa ligação com Ele é também em Espírito". Veja-se que resposta lúcida e repleta de sabedoria: Nossa oração ao Pai não está na dependência do lugar físico (na Igreja, no monte, no Centro), mas sim da forma como falamos com Ele. Em complemento a este entendimento em outra passagem do Evangelho, Jesus recomendou que para contatar com Deus, deveríamos "entrar nos aposentos da alma, e em secreto falar com Ele", conforme dissera a seus discípulos e também conforme Mateus, 6:6. É no santuário íntimo do coração, situado dentro de nós mesmos, que revigoramos as nossas forças exaustas.

Destaque-se ainda, em relação à pergunta inicial, sobre o questionamento de Jesus de "ter ou não religião", a célebre passagem do "Bom Samaritano",[7] quando ele

---

[7] Lucas, 10:25-37.

enaltece a força da Caridade, independente de qualquer filiação religiosa, como condição indispensável para o "encontro com Deus". Começa, então, a história do Bom Samaritano:

"Levantando-se, um doutor da lei experimentou-o, dizendo:

— Mestre, que farei para herdar a vida eterna? Respondeu-lhe Jesus: – "Que é que está escrito na lei?" Como lês tu? Respondeu ele:

— Amarás ao Senhor teu Deus de todo o teu coração, de toda a tua alma, e de toda a tua força e de todo o teu entendimento e ao próximo como a ti mesmo. Replicou-lhe Jesus: – "Respondeste bem; faze isso e viverás". Ele porém, querendo justificar-se perguntou a Jesus:

— E quem é meu **próximo**? Jesus lhe disse:

"Um homem descia de Jerusalém a Jericó, e caiu nas mãos de salteadores que, depois de o despirem e espancarem, se retiraram, deixando meio morto. Por uma coincidência, descia por aquele caminho um sacerdote; e quando o viu passou de largo. Do mesmo modo também um levita chegando ao lugar e vendo-o passou de largo.

Um samaritano, porém, que ia de viagem, aproximou-se do homem, e vendo-o teve compaixão dele; e chegando-se atou-lhe as feridas, deitando nelas azeite e vinho; e pondo-o sobre seu animal, levou-o para uma hospedaria e tratou-o. No dia seguinte tirou dois denários, deu-os ao hospedeiro e disse:

– Trata-o, e quanto gastares de mais, na volta to pagarei.

Qual destes três te parece ter sido o próximo daquele que caiu nas mãos dos salteadores?"

Respondeu o doutor da lei:

— **Aquele que usou de** misericórdia **para com ele.**

Disse-lhe Jesus:

– Vai e faze tu o mesmo".

Não resta dúvida que, dependendo da maturidade, é muito mais fácil professar o amor a Deus, praticando os rituais e as liturgias religiosas, como prova desse amor, do que encarar o próximo (citado por Jesus, *um homem* sem explicar de que cor, de que credo, de que nação, de que partido político, de que condição social etc) e demonstrar por ele todo o afeto. O doutor da lei deve ter percebido isso, pois, no desejo de justificar a si mesmo – sua falta de amor por alguns tipos de pessoas –, disse a Jesus: – E quem é o meu **próximo**? É óbvio que esta resposta depende do estágio de desenvolvimento do amor que a criatura se encontra. Sendo o amor essência divina, todos o seres são detentores dele, em estado latente. Esta semente plantada por Deus no coração se desenvolve e cresce paulatinamente. No início, em razão do egoísmo – sentimento natural do instinto de conservação –, está o homem vinculado apenas ao atendimento daqueles que compõem o seu círculo familiar; depois, este sentimento amplia-se, incluindo-se os parentes e amigos; e finalmente, com maior evolução, os "outros". "O egoísmo contido nos seus justos limites é bom em si; a sua exageração é que o torna mau e pernicioso".[8] Quer dizer: com o tempo, o desenvolvimento desse sentimento dilatará o seu raio de ação para atender a todas a criaturas, até atingir toda Humanidade. Para praticarmos efetivamente a lei do amor em toda sua plenitude devemos amar, sem qualquer distinção a todos os nossos irmãos. "Jesus disse: "amai ao vosso **próximo** como a vós mesmos". Ora, **qual o limite do próximo**? Será a família, a seita ou a nação? Não: **é toda humanidade**".[9] (Grifamos).

---

[8] KARDEC, Allan. *Obras Póstumas*, lição: "Orgulho e Egoísmo", p. 188-189.
[9] KARDEC, Allan. O *Evangelho segundo o Espiritismo*, cap. XI, item 9.

A idéia que estava cristalizada na alma daquele doutor da lei era a que constava como "Lei Divina", num dos livros da Torá, o Levítico (19:18): "**só os israelitas são o próximo**". E ainda dizem que a Bíblia é o livro de Deus! Mas para Jesus o "amar o próximo" tinha aplicação universal; assim, é que vai buscar na figura do samaritano – que não era digno de receber assistência de um judeu –, aquele que era capaz de fazer o bem ao próximo, anonimamente; não pergunta o seu nome, sua crença, filho de quem, qual era sua nacionalidade!...Convém de novo repetir. Napoleão dizia ser a repetição a principal figura de retórica. Interessante que em Deuteronômio, cap. 7, há uma ordem de "Deus" para Israel **não exercer misericórdia para com os estrangeiros!** Uma ordem contrária aos Dez Mandamentos, que manda ter misericórdia com todos indistintamente, quer sejam estrangeiros, rejeitados, pobres, humildes. Dá para perceber que esse "deus" não é o Deus universal, mas de caráter particular do povo judeu, ou seja, o Senhor dos Exércitos?...

Cremos que a esta altura, diante de três ensinamentos, a título de exemplo, entre tantos outros dispersos nos Evangelhos, permite-nos concluir de que forma Jesus responderia, se hoje fosse questionado sobre sua fé religiosa: "Não pertenço a nenhuma delas...." A fé no potencial divino não depende de templo exterior ou lugares especiais: "Deus é Espírito e importa que os que o adorem seja em espírito e verdade"; ou ainda: "Nem dirão: Ei-lo aqui! Ou ei-lo ali. Porque o Reino de Deus está dentro de vós"; e o que se mostrou próximo do homem é o que usou de compaixão". Precisa ser mais claro?

Basta seguir o que dizia Tiago[10]: "A religião pura e

---

[10] Tiago, 1:27.

sem mácula aos olhos de Deus e nosso Pai é esta: Visitar os órfãos e as viúvas nas suas aflições; e conservar-se puro da corrupção deste mundo...".

Parece que o apóstolo está pregando ainda hoje quando ainda existem bolsões de miséria material e moral ao lado de corruptos levando Rui Barbosa dizer que o homem honesto teria vergonha de ser correto! Meu Deus dos céus... É assim que caminha a Humanidade tal qual o famoso filme dos anos 60, quando se ouve na trilha sonora, um trecho do suave *claire de la lune* (ao cair do luar), de Claude Debussy!...

Mas no silêncio a *maioria* trabalha o tempo todo na semeadura do Bem sem esperar recompensas na Terra nem no Grande-Além...

17. A lente e o sol

"... Convergindo-lhe, porém, os raios com a lente comum, dele auferimos poder mais amplo". (XAVIER, Francisco Cândido, pelo Espírito Emmanuel, Pensamento e Vida, *lição 6).*

Certo dia, andando pela rua, encontramos uma criança, estudante de alguma escola das séries iniciais da cidade, portando na mão uma lente, e desejosa em demonstrar o que certamente aprendera com a professora, nos disse: – Tio , coloca a mão aqui debaixo; o sol estava irradiando fortemente. Fizemos como se nada soubéssemos da "pegadinha" do garoto. Em poucos instantes, após atendermos ao pedido, tiramos a mão rapidamente, e dissemos a ela que estava queimando. Ela riu, marotamente, e saiu toda feliz da vida, pois aprendera que os raios do sol quando convergidos para um local, através da lente, adquirem poder extraordinário.

Nesta linha de raciocínio, defrontamo-nos, numa de nossas leituras com uma sugestiva história infantil e, que, objetivando os mesmos propósitos de nossa reflexão, julgamos que poderia encaixar neste nosso comentário sobre a fé, cuja força bem retrata sua presença em todas as criaturas:

A LENTE

Quando menino, eu tinha por apelido, "o fogo-de-palha". Estava sempre com plano novo na cabeça e, a respeito, falava entusiasticamente à minha família. Começava a tarefa, porém logo me sentia desanimado e a largava desinteressado. E uma outra idéia magnífica jorrava de meu espírito, para ter o fim de sempre. Embora o fato se repetisse constantemente, não havia, em minha casa, comentários a respeito.

Em certo dia de verão, meu pai, que lia o seu jornal na varanda, chamou-me. Estava com uma lente na mão e me disse:

— Preste atenção e irá ver uma coisa interessante. É uma experiência...

Com o sol incidindo na lente, passeava o foco de luz pela folha de papel, porém nada acontecia. Eu estava intrigado. Então ele deteve o movimento e manteve o ponto de luz imóvel por algum tempo, focalizando os raios solares. Dentro de poucos minutos o papel se incendiou e surgiu um furo.

Escusado é dizer que aquilo me fascinou, mas não entendi logo o significado da experiência. Então meu pai me explicou:

— Meu filho, este princípio se aplica a tudo que fazemos. Para alcançarmos qualquer êxito na vida é indispensável concentrar todos os nossos esforços na tarefa do momento. É como a concentração dos raios do sol filtrados pelas lentes. Enquanto ela percorreu às tontas a folha do jornal nada aconteceu. Mas quando se deteve, você viu o furo provocado. Tudo questão de paciência, tempo e concentração. Às vezes, quando estamos prestes a desistir, aparece-nos a solução do problema, justamente como o caso do furo do papel.

Desse incidente me recordei inúmeras vezes em

minha vida, o que me deu sempre muita coragem para perseverar até o fim. [1]

De um fato da vida real que acontecera conosco, e enriquecido com a ilustrativa história acima, ficamos a meditar sobre a força da concentração de nossos pensamentos em algo que desejamos, ou seja a energia da fé colocada à disposição de nossos objetivos. Não é preciso que ela se apresente em sua plenitude, seja raciocinada ou não; basta que seja do tamanho de um *grão de mostarda,* como bem asseverou Jesus, para que sejamos tomados de força extraordinária, a ponto de se "transportar montanhas" de obstáculos que estejamos enfrentando. A fé, tal como o Sol, que distribui os seus raios para todos os seres sem qualquer distinção, está à disposição de todas as criaturas, potencializada na intimidade de cada um. Assim como "Deus faz nascer o sol para os maus e bons e envia chuva sobre justos e injustos"[2], também, Ele plantou em todas as criaturas a semente da fé, cabendo a cada um fazer germinar e crescer por força da vontade ativa. Quando se diz que Deus plantou "em todos", não há qualquer privilégio ou discriminação. Vale dizer: Não há distinção de posição social, grau de intelectualidade, crença religiosa, bons ou maus, justos ou injustos... Todos são beneficiários.

A concentração dos raios do sol, filtrados pelas lentes, ensina-nos que o princípio é o mesmo em todas as nossas empreitadas; aplica-se a tudo que fazemos. Para alcançarmos qualquer êxito na vida é indispensável concentrar todos os nossos esforços na tarefa do momento. Assim, para se retratar o Bem Divino em nós é preciso que concentremos toda energia íntima da fé no bem aos nossos semelhantes. "Quando atuamos no bem, há convergência desta virtude ampliando nossa visão e

---

[1] RODRIGUES, Wallace Leal. *E, para o Resto da Vida...*, p. 102-103.

[2] Mateus, 5:45.

a manifestação da Força Divina manifesta Sua grandeza".[3] Ao concentrar nossa energia no bem, sem qualquer interesse na recompensa, receberemos, aqui ou noutro mundo, de alguma forma, os benefícios do "servir", isto porque a toda ação corresponde uma reação. E o bem, somente gera Bem maior...

Mesmo em situações de adversidades com transtornos e sentimentos de baixa qualidade como iras, dores e descrenças, devemos concentrar toda energia da fé na transformação desejada. Isto se dará com nossa confiança na força íntima que reside no altar de nosso Eu-Deus – o Reino Interior –, imanente em cada um de nós. Não existe solução mágica vinda "de fora"; podemos até receber aconselhamentos, mas a saída está em nós mesmos, quando concentramos toda fé na Grande Força. Estabelecida a conexão, mudamos as emanações vibracionais e haurimos da FONTE ETERNA, luz para nossas decisões.

No entanto, enquanto caminhamos sem direcionar toda a energia da fé para a meta desejada, não chegamos a lugar nenhum. Quase sempre, a dúvida surge em nosso roteiro, obstando a conquista de nossos objetivos. A dúvida é o pior veneno no processo da fé, pois impede a concentração de nossos esforços no alvo desejado, naquele momento. Tiago, entendendo o ensinamento do Mestre, assevera: "Peça com fé, sem hesitar, pois aquele que hesita é como a onda do mar impelida e agitada pelo vento; esse homem nada recebe do Senhor pois é homem de dupla alma, instável em todos os seus caminhos"[4]. Por isso, mantenhamo-nos confiantes, concentrando os nossos esforços e esperando um pouco mais, pois exatamente naquele momento que estamos prestes a desistir, podemos encontrar a solução.

---

[3] XAVIER, Francisco Cândido pelo Espírito Emmanuel. *Pensamento e Vida*, p. 23-24.
[4] Tiago, 1:6-8.

18. Migalhas da fé

"E tendo mandado que a multidão se assentasse sobre a relva, tomou os cinco pães e os dois peixes e, erguendo os olhos ao céu, os abençoou, e, partindo os pães, deu-os aos discípulos, e os discípulos à multidão". (Mateus, 14:19).

Aparentemente, aqui ocorreu um "milagre" com a multiplicação dos pães e peixes, para desespero dos donos das padarias e dos pobres pescadores, bem como em tantas outras passagens do evangelho, se ficarmos preso à literalidade do texto; no entanto, temos de analisar essa passagem, como um ato simbólico, do qual devemos buscar, para o seu entendimento, a sua essência. A multidão deve ser entendida como toda a Humanidade e os discípulos – cada um de nós –, que, de acordo com o estágio evolutivo que se encontram, não devem ser omissos no processo de "alimentar" os seus semelhantes. Vale dizer: o alimento aqui deve ser interpretado como o desenvolvimento dos valores espirituais e não no sentido material.

Aliás, os cientistas são *useiros* e *vezeiros* nas suas distrações. Por exemplo:

Newton estava tão distraído em suas pesquisas que uma criada lhe punha às mãos dois ovos e uma panela com água para ele não ficar longas horas sem ingerir nada. Certa vez o viu colocar o relógio de bolso (pois o de pulso só foi inventado por Santos Dumont, posteriormente) dentro da panela com água fervente e segurando os dois ovos para controlar a hora!

Einstein, viajando de bonde, em Princepton, pergunta à jovem que estava ao seu lado: – senhorita, onde estão os meus óculos? Responde a moça: – Na sua testa. E o diálogo prossegue: – Obrigado menina! Qual é o seu nome? E ouve entre os sons de estrondosa gargalhada da adolescente: – Sou sua filha, papai!

É irracional aceitar, literalmente, como o relato de um fato acontecido. A letra mata, mas, o espírito vivifica, asseverou Paulo. Trata-se de uma história ingênua que, para ter sentido, precisa-se buscar o seu sentido psicológico. Não temos dúvidas de que muitas pessoas, ainda no estágio da fé infantil – não importando o grau de intelectualidade –, permanecem fiéis à idéia de que tudo que se encontra na Bíblia é "Palavra de Deus". Respeitamos os que assim pensam, pois cada um enxerga de acordo com seu estágio evolutivo, e a fé funcionará da mesma forma, naqueles que pensam assim, pois "de acordo com tua fé, acontecerá".

É de Jesus a recomendação: "Não andeis ansiosos dizendo: – Que comeremos? Que beberemos?" Ou: "Com que nos vestiremos? Buscai, pois, em primeiro lugar, o Reino de Deus e Sua Justiça, e todas essas coisas vos serão acrescentadas"[1]. Se procurarmos viver harmoniosamente com as Leis Divinas, isto é, uma vida justa, de bondade, fé e amor, *essas coisas* – comida, bebida, que não seja alcoólica, roupas etc – nos serão acrescentadas e multiplicadas. Não podemos nos prender ao sentido literal desta Lição imortal do Mestre, sob pena de descaracterizarmos o projeto educacional de Jesus, que era o despertamento do Reino de Deus nas criaturas.

Ora, ficarmos presos na letra é achar que Jesus estava mesmo falando literalmente em "multiplicar pães e peixes". O sentido é alegórico: Ele usa, primeiramente, como

---

[1] Mateus, 6:31-33.

intermediário, os seus discípulos, que eram os canais em melhores condições, naquele momento, para fazer chegar à multidão o pão espiritual; e cada um deles daria "de si mesmo" a parcela ou "migalha" de conhecimentos de que já havia conquistado. Essa alegoria é semelhante ao simbolismo da "fé do tamanho de um grão de mostarda", que, se colocada em ação, o homem consegue realizar "coisas materiais extraordinárias" que, em situação comum, nem imaginaria que fosse capaz de realizar.

O amparo aos que transitam no mundo em condições de carência – espiritual ou material – se deve constituir no alvo de nossas preocupações, envidando os nossos melhores esforços no sentido de multiplicar aquilo de que já somos detentores, pois, *"não necessitam de médico os que estão sãos, mas, sim os que estão enfermos"*.[2] Quem possui, mesmo que seja uma migalha de fé, já acendeu alguma luz no portal da alma, devendo assim, auxiliar os infelizes do caminho que ainda se encontram envolvidos nas névoas escuras do entendimento. Estes, com o despertar de suas faculdades, serão, também, no período certo, "multiplicadores do pão" a outros enfermos.

À primeira vista, não acreditamos que, diante de tantos defeitos e inferioridades de que ainda somos portadores, seremos capazes de auxiliar as criaturas a despertarem a consciência da imensa capacidade latente em si mesmas, cujo gérmen encontra-se a princípio adormecido, mas que, pelo esforço próprio, deverão, no momento certo, fazer germinar e crescer. É conhecida a história do pássaro que tentava apagar o incêndio da floresta. Quando todas as demais espécies diziam que de nada iria adiantar pois sua colaboração era apenas uma migalha, respondeu ele: – "Estou fazendo a minha parte". Façamos, portanto, a nossa parte, que o resto será acrescentado.

— "Eu sou cheio de defeitos, como posso ajudar o

---

[2] Lucas, 5:31.

meu semelhante?" Não é isso que ouvimos muita gente por aí dizer? Sempre que estivermos dispostos a auxiliar, não importa a quantidade, mas a qualidade de nossa intenção. O que vale é a nossa boa vontade em exercitar o Bem, sem aguardar qualquer recompensa, perguntando antes: – Em que lhe posso ser útil? É este o sentido de que mesmo que seja uma migalha de fé em nosso potencial – ou, a fé do tamanho de um grão de mostarda –, a multiplicação ocorrerá; confiemos que Deus supre o nosso pequeno esforço, multiplicando nossas possibilidades, para fazer chegar à multidão a nutrição da alma.

Não nos esqueçamos que, mesmo na condição de Espíritos ainda imperfeitos, jamais seremos abandonados pela Providência Divina, que nos ampara e aguarda sempre a nossa boa vontade em servir, pois, o Eu Superior plantado em nossa intimidade é a perfeição suprema; e quando conseguirmos fazer fluir, mesmo que seja uma "migalha", uma pequena porção deste potencial infinito, seremos amparados para multiplicar coisas aparentemente impossíveis. "Quem conseguiu acender alguma luz de fé no próprio Espírito – uma migalha, **acrescentamos** – suporta com paciência o infeliz que ainda não se abriu a mínima noção de responsabilidade perante o Senhor, auxiliando-o a desvencilhar-se das trevas".[3] A Deus tudo é possível. Por menor que seja a fé nas nossas possibilidades, mesmo ainda "pequena", podemos fazer chegar ao companheiro de jornada o pão espiritual, ainda que em pequenas porções; e cada um, de acordo com o despertar desse entendimento será, por sua vez, multiplicador desse alimento e, assim, sucessivamente. É a lei da Vida.

---

[3] XAVIER, Francisco Cândido, pelo Espírito Emmanuel. *Fonte Viva*, lição 28.

19. Fé religiosa

"No seu aspecto religioso, a fé é a crença nos dogmas particulares que constituem as diferentes religiões, e todas as religiões têm seus artigos de fé". (KARDEC, Allan. O Evangelho segundo o Espiritismo, *cap. XIX, item 6).*

Embora a fé seja imanente a todos os seres, independente de credo religioso a que se vinculam, não resta menor dúvida que ela tem, na religião, um poderoso fator de despertamento. Ninguém pode prescindir do auxílio externo no processo de desenvolvimento de seus potenciais. Assim, os pais, os amigos, os educadores, os orientadores religiosos, entre outros, são peças fundamentais que nos ajudam no processo educativo, isto é, na parturição (ou parto induzido) – usando uma expressão de Sócrates – de nossa força interior. Educar é ajudar o aprendiz no desabrochar de suas pré-disposições inatas. Tirar o que o outro já tem dentro de si e não sabe que tem e nem mesmo como tirá-lo!

Desde o nascimento, somos influenciados pelas crenças que nos foram transmitidas pelos pais. Vamos promulgando um código próprio de leis internas, que passam a nortear nossas atitudes e comportamentos. De início, há uma aceitação cega nos dogmas particulares propostos pela Religião, que nos foram repassados pelos adultos e nos quais fomos "doutrinados"; nem sempre percebemos, em razão da imaturidade, se essas regras são humanas, ou Leis Divinas. Muitas vezes, a aceitação é mais pelo hábito e pela tradição, quando não, o que é pior ainda, pelo medo da "ira divina", sempre pronta para castigar os rebeldes. Há pessoas que passam uma vida toda, ou mesmo várias existências, sem qualquer questionamento; outras se rebelam, contestando esses dogmas, já que sua fé já não é mais infantil; querem respostas racionais. É neste sentido, que Kardec divide a fé religiosa em *cega* ou *raciocinada*.

Já houve quem dissesse e disse com total razão, que o progresso da Humanidade não se deu pelo acúmulo de conhecimento, mas quando apareceu alguém que questionou o que era pregado. Este alguém foi perseguido, massacrado, como ocorreu com o próprio Jesus. Não é que o somatório das experiências antigas não tenha valor! Não! Muita vez o valor era imenso... Mas o que emperrava a máquina do progresso era o marasmo, era a mesmice e, pior do que isto, o autoritarismo do: *magister dixit*, ou seja, "o mestre falou está falado!!". Em outras palavras: "Não se discute – cumpra-se e ponto final!"

É inquestionável que, quando bem conduzidas, as religiões se constituem em escolas de formação moral, propiciando ao homem o encontro com Deus e, por conseqüência, consigo mesmo – pois Ele está dentro de nós –, aparando, desta forma, suas más tendências e orientando-o para o desenvolvimento de suas virtudes. É assim o terreno da fé na formação do homem. Sabe-se que a pessoa que pratica uma religião, seja sua fé racionada ou ainda dogmática, é mais confiante na superação dos problemas do dia-a-dia. Enfrenta as adversidades com mais coragem e resignação; não titubeia e segue em frente até a conquista do alvo.

Estudos científicos têm provado que a fé religiosa,

de um modo geral, constitui fator de cura, pois as criaturas, quase sempre, agem com mais serenidade e confiança, ajudando a Medicina no processo de tratamento de eventuais doenças, de que sejam portadoras. A pessoa que desenvolveu a fé, mesmo que seja do *tamanho do grão de mostarda*, usando a expressão de Jesus, tem em si uma poderosa arma para debelar uma doença e restaurar a saúde. "Os cientistas descobriram que a religião dá aos pacientes mais tranqüilidade para expor seus problemas e serenidade para se entregarem a procedimentos cirúrgicos", diz o cardiologista Roque Marcos Savioli.

Nos EUA, a maioria dos cursos de Medicina possui, na grade curricular, disciplinas que discutem *doença, fé, cura* e *espiritualidade*. Pesquisas constataram que a crença religiosa pode influir na saúde do homem. Harold Koenig, Diretor do Centro para Estudo da Religião, Espiritualidade e Saúde da Universidade de Duke (EUA), afirma que, entre as 24 pesquisas que já realizou em 20 anos, a que mais surpreendeu foi a que abordou o efeito da fé sobre o sistema imunológico. Entre 1986 e 1992, foram colhidas 4.000 amostras sangüíneas de pessoas com mais de 65 anos que freqüentavam regularmente a igreja ou não tinham hábitos religiosos. O objeto de estudo foi a interleucina-6, proteína do sangue que indica o estado do sistema imunológico. O nível de proteína foi maior entre os fiéis, "o que quer dizer melhor sistema imunológico".

Eis alguns dados científicos interessantes que comprovam o efeito da fé religiosa nas pessoas:

Quem vai a cultos religiosos vive mais:

Freqüência	Expectativa de vida
Nunca	75 anos
Menos de uma vez por semana	80 anos
Uma vez por semana	82 anos
Mais de uma vez por semana	83 anos

Fonte: Pesquisa feita pela Universidade do Colorado (EUA), entre 1987 e 1995, com 28 mil pessoas.

Quem vai a cultos religiosos muda de hábito:

	*ocorrência
Fica menos deprimido	31%
Pára de fumar	78%
Pratica mais exercício	54%
Pára de beber	39%

* Probabilidade de ocorrência.
Fonte: Pesquisa feita pela Universidade da Califórnia, entre 1965 e 1994, com aproximadamente 2.600 pessoas.

Conflito religioso e mortalidade

Um estudo com 595 pacientes maiores de 55 anos mostrou que aqueles que acreditavam que Deus estava punindo-os, abandonando-os ou que não tinha poder para ajudá-los tiveram percentual de mortalidade de 19% a 28% maior do que os que estavam em paz com sua crença. A conclusão da pesquisa, feita pela Universidade de Duke, é que as pessoas em conflito religioso com a doença têm maior risco de morte.

Aumento da auto-estima infantil

Estudo nacional realizado pela Universidade Estadual de Louisiana (publicado pela Associação Psicológica Americana), com 1261 crianças, constatou-se que as que participavam de atividade religiosa tinham maior auto-estima do que as não-participantes.

Combate à hipertensão

Pesquisadores da Universidade de Duke, analisaram, ao longo de oito anos, os hábitos religiosos e a pressão arterial de 4.000 pessoas que rezavam diariamente e freqüentavam cultos pelo menos uma vez por semana, o número de indivíduos com níveis perigosos de pressão foi 40% inferior ao registrado no grupo que praticava hábitos religiosos com menor freqüência.

Prece à distância e Aids

Em 1995, 20 soropositivos foram divididos em dois grupos, no Centro Médico de São Francisco. Preces de diferentes crenças foram feitas para apenas um grupo, sem que soubessem qual estava sendo alvo das orações. Após seis meses, 40% dos que não receberam as preces haviam morrido, no outro grupo, nenhum morrera.[1]

Diante destas pesquisas científicas, e de tantas outras, que vêem sendo realizadas em vários países, podemos ratificar o que temos abordado até aqui: que a fé, como força interior, presente em todos os seres, pode ser ativada por meio de vários mecanismos; um deles é a

---

[1] Os dados científicos constantes neste capítulo foram extraídos da Folha de São Paulo, Caderno *folha equilíbrio*, p. 6-8, de 08.01.2004.

religião, talvez um dos mais poderosos fatores de despertamento. Vale repetir com Paracelso que, no entanto: – "Quer o objeto de sua fé seja verdadeiro ou falso, os efeitos obtidos serão os mesmos".

Enquanto não se atinge "A fé inabalável, que segundo Kardec, pode encarar a razão face a face, em todas as épocas da Humanidade" – objetivo maior de todos os seres até a condição de "Espíritos puros" –, Deus nos atende, mesmo que ainda estejamos engatinhando na fé, pois, Ele "não leva em conta os nossos tempos de ignorância"[2]. Ademais, lembremo-nos da afirmação de Jesus: – Seja feito de acordo com a tua fé.

---

[2] Atos, 17:30.

20. Fé ativa

"A fé, para ser proveitosa, deve ser ativa; não deve ficar adormecida". (KARDEC, Allan. O Evangelho segundo o Espiritismo, *Cap. XIX, item 11).*

Há uma passagem na Carta de Tiago em que pelo seu bom senso e maturidade em matéria de fé, merece toda nossa atenção. Expõe ele: "Meus irmãos, que proveito há se alguém disser que tem fé e não tiver obras? Pode essa fé salvá-los?"[1] Saliente-se que o "salvar-se", aqui colocado, é no sentido de educar ou desenvolver os valores da alma, que é o principal objetivo de nossa estadia na Terra. Em outras palavras: que adianta dizer que temos fé, se não colocamos em ação ou deixamos adormecida essa Força Divina, como se algo fosse acontecer sem qualquer esforço. Por erro de interpretação muitas criaturas pensam assim. Acham que basta apenas ter fé para serem "salvos".

A fé deve ser operosa e aquele que a desenvolveu compreende o seu verdadeiro sentido, aguardando a solução dos problemas no clima do serviço. Ensina o Mestre que, "de todas as realizações sublimes do homem atual, a fé viva e ativa é das mais difíceis de serem consolidadas. Reconhecia que a segurança espiritual dos

[1] Tiago, 2:14.

companheiros terrestres não é obra de alguns dias, porque pequeninos acontecimentos podem interrompê-la, feri-la, adiá-la. A ingratidão de um amigo, um gesto impensado de alguém, uma insignificante dificuldade podem prejudicar-lhe o desenvolvimento".[2] Muitos, diante desses obstáculos que a vida oferece – a bem da verdade são testes necessários para o crescimento e auto-educação –, "se entregam" sem o mínimo esforço. Outros, no entanto, continuam firmes na luta até a superação das barreiras. Qual a razão dessa atitude? Tudo depende da força da fé – mesmo ainda pequena, como um grão de mostarda – que a criatura cultiva. Jesus alertou: – "seja feito de acordo com a tua fé!".

Não nos iludamos, para a superação dos obstáculos, só há uma solução: o trabalho. Parar é estagnar. É não crescer. Tudo se movimenta em a Natureza, cada qual cumprindo com sua função na ordem das coisas. Aquele que perseverar até o fim, vencerá, ensinou Jesus. Em Carta aos Gálatas, assevera Paulo[3]: "E não nos cansemos de fazer o bem, porque a seu tempo ceifaremos, se não houvermos desfalecidos". Ora, estamos matriculados na escola da vida para plantar e colher, e para isso temos de agir com perseverança. Se quisermos colher, não podemos esmorecer em plantar sempre o bem, pois fugir dos deveres é adiar a colheita! Problemas, teremos a vida inteira. São eles nossos auxiliares no processo evolutivo. Digamos com Paulo: "Em tudo somos atribulados, mas não angustiados; perplexos, mas não desanimados; abatidos, mas não aniquilados".[4]

Dizer que tem fé "da boca para fora" e ser insensível

---

[2] XAVIER, Francisco Cândido. *Vinha de Luz*, pelo Espírito Emmanuel, lição 45.

[3] Gálatas, 6:9.

[4] 2 Coríntios, 4:8.

com as dificuldades de nossos irmãos carentes do corpo e da alma, eximindo-se de ajudá-los dentro das possibilidades, é ser teórico, praticante apenas de rituais e liturgias de uma determinada crença, mas longe do verdadeiro sentido do amor. Praticam-se as regras religiosas e julgam que com isso cumpriram as obrigações para com Deus. E referindo-se às necessidades do corpo – roupa, alimentos –, o conselho de Tiago é direto e prático: "e qualquer dentre vós que lhes disser: Ide em paz, aquecei-vos e fartai-vos, sem, contudo, lhes dar o necessário para o corpo, qual é o proveito disso?"[5]. E acrescenta: "Assim, também a fé, se não tiver obras, por si só está morta. Mas alguém dirá: Tu tens fé, e eu tenho obras; mostra-me essa tua fé sem as obras, e eu, com as obras, te mostrarei a minha fé"[6].

Quando o ser ainda se encontra na fase da "fé infantil", não pensa por si mesmo, sendo, portanto, facilmente conduzido por outras. Esta fé pode ser identificada mesmo entre os intelectuais. A criatura afirma que tem fé, mas apenas exteriormente, pois na realidade não pratica aquilo que diz possuir. Esta é uma fé de "fachada". É esse tipo de fé que Tiago critica e diz ser inoperante.

> *É conhecida a história do equilibrista que, por volta do ano de 1860, apresentando um espetáculo público cruzava as famosas cataratas do Niágara. Depois de esticar um cabo de aço entre as duas extremidades, demonstrando toda sua maestria, atravessou de um lado para o outro, arrancando aplausos nervosos da platéia. Depois, aumentando a dificuldade, passou a caminhar carregando um carrinho de mão, desses utilizados na*

[5] Tiago, 2:16.
[6] Tiago, 2: 17-18.

construção civil. Que coragem, que façanha extraordinária fazia aquele equilibrista lá nas alturas! Ato contínuo, mexendo com a platéia, pergunta: quantos crêem que eu consigo atravessar novamente, mas agora num desafio maior, carregando alguém dentro do carrinho? E todos, diante da tamanha destreza que demonstrava o artista, disseram que acreditavam. Pediu ele, então, um voluntário para fazer a travessia. Embora todos dissessem que acreditavam que o equilibrista faria a trajetória, com alguém dentro do carrinho, a multidão silenciou. Ninguém se candidatou. Por que ninguém se apresentou? Porque a fé daquelas pessoas era apenas de ordem intelectual, teórica, sem qualquer fidelidade ao que estavam dizendo. É a fé nos outros, mas não em si mesmo. Esse é o tipo de fé que Tiago chama de inoperante. Quando se pratica aquilo que crê, a criatura demonstra que tem fé ativa.

Essa fé ativa exterioriza-se de forma arrebatadora, contagiando os circunstantes; "comunica-se àqueles que não a tinham, ou mesmo que não queriam tê-la; encontra palavras persuasivas que falam à alma, enquanto a fé aparente não tem senão palavras sonoras que produzem frio e indiferença".[7]

Vamos agora refletir sobre a necessidade da fé ser ativa e não inoperante, como condição indispensável, através da interessante e sugestiva história que recebemos, pela *Internet*[8], cujo título é **ACREDITAR E AGIR:**

Um viajante caminhava pelas margens de um grande lago de águas cristalinas, imaginando uma forma de chegar até o outro lado, aonde era seu destino.

---

[7] KARDEC, Allan, *O Evangelho segundo o Espiritismo*, Cap. XIX, item 11.
[8] www.planetamais.com.br., mensagem n.º 69, de 24/06/2002.

Suspirou, profundamente, enquanto tentava fixar o olhar no horizonte.

A voz de um homem de cabelos brancos quebrou o silêncio momentâneo, oferecendo-se para transportá-lo. Era um barqueiro.

O pequeno barco envelhecido, no qual a travessia seria realizada, era provido de dois remos de madeira de carvalho. O viajante olhou detidamente, percebeu haver letras em cada remo. Ao colocar os pés empoeirados dentro do barco, observou que eram mesmo duas palavras.

Num dos remos estava entalhada a palavra ***acreditar*** *e no outro,* agir*. Não contendo a curiosidade, perguntou ao barqueiro o motivo daqueles nomes nos remos.*

O barqueiro pegou o remo, no qual estava escrito ***acreditar****, e remou com toda força.*

O barco começou a dar voltas, sem sair do lugar.

Em seguida, pegou o remo em que estava escrito ***agir****, e remou com todo vigor.*

Novamente, o barco girou em sentido oposto, sem ir adiante.

Finalmente, o velho barqueiro, segurando os dois remos, movimentou-os ao mesmo tempo, e o barco, impulsionado por ambos os lados, navegou através das águas do lago, chegando calmamente a outra margem.

O barqueiro disse ao viajante:

— Este barco pode ser chamado de ***autoconfiança****. E a margem é a* ***meta*** *que desejamos atingir.*

Para que o barco da ***autoconfiança*** *navegue seguro e alcance a* meta *pretendida, é preciso que utilizemos os dois remos ao mesmo tempo, e com a mesma intensidade:*

Acreditar e agir.

Não basta apenas ***acreditar,*** *senão o barco ficará*

rodando em círculos, é preciso também ***agir*** *para movimentá-lo na direção que nos levará a alcançar a nossa* ***meta.***

Impulsione os remos com força e com vontade, superando as ondas e os vendavais, e não se esqueça que, por vezes, será preciso até remar contra a maré. E você? Está remando com firmeza os dois remos, ao mesmo tempo para atingir a ***meta****?*

Esta outra história, em forma de anedota era sempre contada pelo saudoso Leopoldo Machado[9]:

Por uma estrada lamacenta no interior mineiro iam dois carroceiros. Numa certa altura as carroças caíram no atoleiro.

Um dos homens soltou um sonoro palavrão e, tendo metido mãos à obra, tirou a junta de bois do buraco e seguiu em frente!...

O outro, escandalizado, caiu de joelhos e orou a Deus: – O! Pai Celeste, tira-me desta dificuldade!...

E continua o religioso orando lá, no mesmo lugar, até hoje!

A fé é importante, mas precisa estar conjugada com a ação. Não é o bastante ter fé e ficar aguardando que a solução "caia do céu"; é preciso agir na busca do objetivo. Isto quer dizer, do crescimento. É o que nos ensina com sabedoria, Tiago, ao dizer: "pois assim como o corpo sem alma está morto, assim também a fé sem obras é morta".[10]

[9] Colaboração do Prof. Celso Martins
[10] Tiago, 2:26.

21. Copo de água

"Todo aquele que der ainda que seja somente um copo de água fresca a estes pequeninos, porque é meu discípulo, em verdade vos digo, não perderá a sua recompensa." (Mateus, 10:42).

Ficar preso à literalidade de um texto, principalmente se estivermos interpretando fatos ocorridos há muito tempo atrás – como é o caso da Bíblia – é ficar muito aquém do sentido espiritual que a mensagem traz em sua essência. São tantas as nuances que devem ser analisadas, que só voltando no tempo e no espaço e analisando a linguagem, os aspectos psicológicos, a cultura do povo, suas crenças e as palavras usadas naquela época, é possível penetrar no "espírito" do conteúdo. Assim, reafirmando: Se nos prendermos apenas em sua literalidade é possível, em muitas hipóteses, ficarmos aquém daquilo que pretendeu o autor, dando um sentido totalmente diverso do que se tencionava expressar, desenvolvendo, por conseqüência, uma fé cega. Paulo alertou que: "A letra mata, mas o espírito é que vivifica"[1]. O apóstolo dos gentios alertava para o perigo de se ficar apenas no exterior, sem, todavia, buscar o espírito da letra, ou seja, buscar nas palavras o

[1] 2 Coríntios, 3:6.

verdadeiro sentido, para poder colocar em prática.

É claro que o Espiritismo respeita todas manifestações religiosas, salvo as práticas que induzem ao mal[2], mas, se você perguntar a certos religiosos que se "grudam" ao texto bíblico ao pé da letra à maneira de um carrapato se apega a um cãozinho (aos quais respeitamos, mas com eles não concordamos) se, ao invés de grande peixe engolir Jonas, lá do Velho Testamento, fosse Jonas que engolisse o tal peixe enorme e o expelisse três dias depois inteiramente vivo, sem dúvida que esse irmão de romagem lhe dirá, de pronto: – "Eu acredito... Acredito porque está escrito na Bíblia... A Bíblia é a Palavra de Deus e Deus nunca mente!..."

Pior, cá para nós, é que também um dia de igual maneira assim argumentamos por ter sido, à época (talvez nesta, talvez noutra existência corporal) esta a nossa sincera maneira de pensar.

Assim, muitas passagens e histórias bíblicas devem ser interpretadas psicologicamente; aqueles que se encontram ainda presos à letra, aceitam tudo como se fossem verdades, sem qualquer questionamento. Do ponto de vista de crença, ensinaram-lhes que são "Palavras de Deus" e não podem ser contestadas, sob pena de castigo! No entanto, o tempo é o senhor da razão! À medida que o homem amadurece espiritualmente, descobre, por si próprio, que os textos bíblicos – ao lado da beleza indiscutível de algumas páginas de inspiração divina –, estão repletos de contradições e absurdos. Compreendendo, então, com a maturidade natural do espírito, que não há "pecado" algum – diremos erros – em contestar o que é ilógico, passa a ser visto pelos chefes religiosos, como alguém que está colocando "as mangas

---

[2] KARDEC, Allan. *O Livro dos Espíritos*. Questão 838 e seguintes.

de fora", transformando-se em verdadeiras "pedras" no caminho dos dirigentes fundamentalistas.

Referindo-se à água, objeto de análise desta lição, citada tantas vezes, quer no Velho, como o Novo Testamento, para que se possa "entender" o verdadeiro sentido em que é empregada, é preciso retroceder no tempo e interpretar sob a óptica que era aplicada na época. A Bíblia utiliza muitos símbolos materiais, ou seja, coisas concretas para explicar símbolos espirituais: atitudes mentais, sentimentos e crenças. Jesus, na qualidade de maior e melhor educador que passou pela Terra, lançava mão dessas estratégias pedagógicas para explicar de forma comparativa, comportamentos espirituais. Ao ensinar o povo, **sem parábolas nunca lhes falava**[3]. Tanto que, ao contar suas histórias, falava em sentido figurado, em "montanha", "grão de mostarda", "pérola escondida", "fermento", "água que se transformou em vinho", "andar sobre o mar", "multiplicação de pães", e tantas outras alegorias, que só podem ser entendidas se extrairmos o lado espiritual dessas coisas concretas.

É importante entender que a interpretação muda com o tempo e será sempre proporcional ao estado de evolução espiritual de cada leitor. Não é assim que acontece com você? A mesma leitura feita em épocas diferentes nos dá interpretações diversas. Às vezes, nos emocionamos até às lágrimas, diante da interpretação de um texto, que antes já fora lido. Daí dizermos: – Puxa, "isso passou batido". Como eu não tinha percebido a beleza dessa mensagem! É a maturidade que só o tempo sedimenta. Temos percebido isto, cada vez que refazemos a leitura de várias obras já lidas. Experimente ler novamente uma obra que você analisou há tempos atrás.

---

[3] Marcos, 4:34.

Certamente, a nova leitura, em razão da maturidade conquistada, trará a você visões mais lúcidas.

A água foi empregada em vários sentidos psicológicos; nem sempre – necessariamente – expressava o seu sentido físico. Interpretada no sentido literal, nem sempre se consegue "saborear" a profundidade de uma mensagem altamente educativa. Assim, pode se expressar, entre outras interpretações, como:

Refrigério espiritual: No inolvidável encontro de Jesus com a mulher samaritana, no poço de Jacó, quando passava pela Samaria, manteve com ela o célebre diálogo: "Aquele que beber dessa água, tornará a ter sede, mas o que beber da água que eu lhe der jamais terá sede"[4]. Aqui Jesus simboliza a água como refrigério da alma. A água que Jesus pediu à samaritana tem sentido físico, material. Mas, aquela que ele promete dar, e quem dela beber jamais terá sede, deve ser entendida no sentido espiritual. O que recebe a mensagem divina e entende que "dentro de si" – o Reino de Deus – está a resposta, para os mais intrincados problemas; tem fé que, pela conexão com o EU maior, encontrará a verdadeira água da Vida.

Aquisição de conhecimento: Destacamos nas palavras do salmista esta mensagem, que também fala de água, mas com outra conotação: "As palavras da boca do homem são águas profundas, e a fonte da sabedoria é uma torrente transbordante"[5]. Quando nos aquietamos e, em silêncio, buscamos Deus no templo da alma, encontramos a verdadeira sabedoria; falamos com Ele, e nEle encontramos o ânimo para enfrentar as adversidades pelas quais estamos passando. Não perca esta oportunidade! É de graça... Habitue-se a orar para entrar

---

[4] João, 4:13-30.
[5] Prov., 18:4.

em sintonia com o Pai – não lá em cima no Céu, mas dentro de você mesmo. Abre o seu coração, chore se estiver sentindo vontade. As lágrimas represadas causam mal a você mesmo. "O homem que é homem não chora" – assim apregoam os machistas; por isto – eles, os homens, mais facilmente enfartam o coração! A Fonte interior é a Sabedoria que fluirá, quando assim dermos condições, em torrente de água transbordante, trazendo o conhecimento para entendermos a situação que tanto nos aflige.

Escrituras Sagradas: Aqui também, a água, ao se interpretar as Escrituras, precisa ser entendida em seu sentido alegórico: "Moisés feriu a pedra e dela saiu água"[6]... Em todas as linguagens sagradas, desde os tempos mais recuados, a água simbolizava a Verdade, a Realidade Eterna ou Chama Divina sempre pronta para fluir. Quando se diz que Moisés furou a pedra (interpretação literal das Escrituras) e dela saiu água, refere-se a uma alegoria material, que, no sentido psicológico ou espiritual, quer dizer que "buscou nas Escrituras – denominada de pedra – e encontrou a água da Vida", ou seja, após a meditação nos textos das Escrituras, dela saira água da sabedoria. É a verdade da Vida, fluindo das profundezas de nosso Templo divino!

A mente: Outra interpretação dada à água, pode se perceber, neste outro salmo: "Há um rio, cujas correntes alegram a cidade de Deus"[7]. A "cidade de Deus" é o local onde O encontramos. É o EU interior, o Cristo Interno, pronto a nos atender, quando através da prece profunda sintonizamos com Ele. Ele mora nesta cidade, como Centelha, desde nossa individualização em Espírito,

---

[6] Ex., 17:6., citado por Pastorino, *Sabedoria do Evangelho*, 1.º volume, p. 137.
[7] Salmos, 46:5.

quando fomos criados simples e ignorantes, até atingirmos a condição de Espíritos Puros. As correntes de água desse rio são os pensamentos de Deus, aguardando tão-somente a nossa volta à Casa do Pai, como fizera o "filho pródigo", que, após "bater a cabeça" aqui e acolá pelas portas largas do mundo, volta a banhar-se nas águas da cidade de Deus, encontrando refrigério para alma. Todos nós somos um pouco desse filho pródigo. Que tal começar o caminho de volta?

Com análise desses conceitos podemos desvelar o sentido do conselho de Jesus: "Todo aquele que der ainda que seja somente um copo de água fresca a estes pequeninos, porque é meu discípulo, em verdade vos digo, não perderá a sua recompensa". Veja-se que não dá para ficarmos presos à literalidade da idéia de copo d'água, no sentido físico. Seria um absurdo pensarmos que apenas dando tão-somente um "copo d'água", aos necessitados não perderíamos a recompensa de Jesus. O sentido é mais amplo. Veja quem tem "olhos de ver", dizia Jesus. É preciso ver com os "olhos do espírito", para não ficarmos na literalidade. Temos aqui apenas um "símbolo", cujo entendimento, nos leva ao espírito da letra. Além disto, uma pessoa pode morrer, por faltar um copo d'água potável, que irá levar o sangue com nutrientes ao cérebro! Até nisto Jesus foi Mestre!...

Enquanto presos à letra – em razão do estágio que cada um se encontra –, vamos interpretar, na base da fé, o sentido de se dar realmente "um copo d'água" fresca, aos pequeninos. Como seria fácil desenvolver o Reino de Deus se a evolução da criatura resumisse neste ato. Quem tem condições financeiras, bastaria montar uma distribuidora de água – tão comum nos dias de hoje –, e distribuir gratuitamente "copos de água" e pronto!... Teria assim, garantido a sua recompensa divina!... Ora, tudo isto é figurativo. Tantos outros símbolos foram utilizados, em outras passagens bíblicas, que para compreender o sentido real, é preciso extrair o sentido espiritual. Bem, voltemos a interpretação do "copo d'água", como uma pequena porção de nosso esforço, ou mesmo uma migalha da água da Vida, de que já somos possuidores e, que, transmitimos aos nossos irmãos.

Entendamos esta idéia de "copo d'água" simbolizando-a como uma parcela da "água da Vida", que doada com amor, pode dessedentar aqueles que se encontram em secura d'alma, com sede de paz e alegria. Tão só esta pequena porção da Força Divina fluindo em nosso interior pode representar a *fé do tamanho do grão de mostarda* que, poderá mudar o rumo de sua vida. Esta porção da água refrescará a mente, quando confusa e agitada, restituindo a paz e harmonia.

Conhecemos tantas pessoas que "venceram na vida", isto é, possuem em abundância os bens materiais, mas que, por estarem afastadas da Casa do Pai – dentro de si mesmas – em determinado momento da vida, sentem-se solitárias, sem alegria, com "secura de Deus" na alma; agora, já não encontram mais felicidade, somente nos bens materiais. Os psicólogos, os psiquiatras, os analistas que nos digam o que de *ricos de bens materiais* tomam ansiolíticos e outras drogas medicinais para poderem dormir pelo menos 4 a 5 horas por dia!... Não entendem que "vencer" é vencer a si mesmo. Precisam da água espiritual para saciar a sede, que lhes traga paz, que só o denominado mundo material não pode dar. A esses, uma pequena porção da "Água da Vida" – verdades espirituais – pode ser o início do despertar para a Vida Eterna!

Dar um "copo d'água fresca" é fazer a caridade espiritual dentro das nossas possibilidades, ou, no "limite das próprias forças", como responderam os Espíritos Sublimes a Kardec[8]. É doar aos pequeninos uma porção da água da Verdade – aquela que já conquistamos em nosso estágio – para que, ao serem despertados busquem por si, e em si mesmos, a corrente abundante da Luz Divina. Este "copo d'água", no *tempo certo*, é grão, que semeado no terreno fértil, despertará a criatura na conquista deste manancial divino. E quando isto acontece, este copo d'água transforma-se num rio caudaloso, jorrando abundantemente dentro de cada um.

Não podemos esperar a plenitude do desenvolvimento, para começar o trabalho de caridade, ou ser "santo" para poder auxiliar. O que está em jogo é a nossa disposição de servir, mesmo que seja com um "copo de água", ou seja, o que já conseguimos em valores espirituais. Mesmo que seja uma "migalha" ou "fé do tamanho de um grão de mostarda", pois o que importa é a qualidade e não a quantidade de nossa boa vontade; fazendo a nossa parte, de bom grado e amor, seremos sempre supridos nas nossas limitações. Comecemos, hoje mesmo, a dar esse "copo d'água fresca", refrigerando de paz e harmonia àqueles que se encontram na retaguarda cansados e oprimidos. Enquanto manuseia as roseiras e colhem rosas, quem assim procede como terapia ocupacional, acaba ficando com as mãos perfumadas!..

---

[8] KARDEC, Allan. *O Livro dos Espíritos*. Q. 642.

22. A força da oração

"...a oração tecida de harmonia e confiança é força imprimindo direção à bússola da fé viva, recompondo a paisagem em que vivemos e traçando rumos novos para a vida". (XAVIER, Francisco Cândido, pelo Espírito Emmanuel. Vinha de Luz. *Lição 98).*

Orar é manifestação de fé em algo Superior, pouco importando o nome que se dê a essa força: Inconsciente, Eu Superior, Deus, Força Infinita, Razão Ilimitada, Inteligência Suprema etc.... Orar a Deus – ensinam os Espíritos Superiores –, é pensar n'Ele; é aproximar-se d'Ele; é pôr-se em comunicação com Ele".[1] Quando se tem fé verdadeira, mesmo que seja pequena como um *grão de mostarda* – não estamos nos referindo a fé em determinada crença ou religião necessariamente –, aciona-se o mecanismo interno, colocando em ação a Força Interior que faz movimentar o poder de transformação e ajuda a criatura no processo de cura.

Parece-nos que, cada vez mais as pessoas estão descobrindo o valor da oração, não só através das religiões, mas reunião de pequenos grupos, ou mesmo individualmente, no sentido de encontrar respostas aos mais variados problemas, e, por conseqüência a busca

[1] KARDEC, Allan. *O Livro dos Espíritos.* Questão 659.

da paz interior. Até mesmo aqueles que se dizem ateus, também usam, muitas vezes, da força da oração, como mecanismo de equilíbrio. Hoje são realizadas várias pesquisas neste campo demonstrando os benefícios da prece em nossa vida.

A Revista Galileu[2] nos trouxe uma excelente reportagem a respeito da oração, com entrevista de membros de diversas religiões e pesquisadores, sob o título: *Linha direta com Deus*. "A oração proporciona conforto psicológico. Do ponto de vista científico, isso, por si só, já melhora a atuação do sistema imunológico", pondera o médico Esper Cavalheiro, professor de Neurologia Experimental da Escola Paulista de Medicina. "Não conhecemos ainda os mecanismos neurológicos envolvidos no processo. Mas sabemos que, assim como o *stress* reduz a resistência do organismo, o bem-estar produzido pela prece a aumenta."

Deus é o Foco de Luz, de onde tudo emana. "Ele é Pai de todos, o qual é sobre todos e por todos"[3] ; ninguém jamais esteve ou estará separado Dele, pois Ele é causa primeira de todas as coisas. Em nosso interior encontra-se o *EU profundo*, ou o *Cristo interno* que é também chamado de *Centelha Divina*. Somos portadores de todas as suas propriedades, em estado de potencialidade. "Nele vivemos, nos movemos e existimos"[4]. Quando nos afastamos da *Fonte de Luz*, em razão da baixa vibração, nos encarceramos na matéria.

Confunde-se muito Jesus humano – guia e modelo da Humanidade –, com *Cristo*, que pode ser definido como aquele que atingiu plenitude divina. Tendo

---

[2] ABRANTES, José Tadeu. *Linha direta com Deus*. Revista Galileu, Editora Globo, abril de 1999, n.º 93.

[3] Efésios, 4:6.

[4] Atos, 17:28.

alcançado essa plenitude, ele é chamado de *Jesus Cristo*, quando o certo é *Jesus, o Cristo*. Pela mesma razão, os evangelhos dizem que ele é o "Filho de Deus" – aquele que se divinizou –, sendo, portanto, "um com o Pai". Deixou claro, todavia, que isto não era uma prerrogativa sua, mas que todos poderiam também desenvolver o *Cristo interno* – vós podeis fazer tudo o que eu faço e muito mais (João, 14:12) –, na proporção de nossa elevação vibratória espiritual, como ele o fez, ao longo de existências sucessivas. Nada é de graça, mas fruto de nossos esforços. Se não conseguimos ainda isto ou aquilo, é em razão de nossa imperfeição, o que impede a plena manifestação do *Cristo*. Todos somos detentores de poderosa lâmpada interior, quase sempre revestida da camada de lodo, produto de nossa inferioridade, o que, por conseqüência, obsta a resplandecência da Luz.

A oração é poderosa força que nos coloca em contato com essa *Centelha Divina*, também chamada de *Cristo Interno*, ou ainda *Reino de Deus*. Destaque-se que há coisas que a fé opera apenas por meio da oração. Quando estamos totalmente afastados dessa Centelha e algemados aos desejos da matéria, precisamos orar muito. E há momentos que começamos a orar e, os problemas são tantos, que não conseguimos a conexão com o nosso EU. Isto não ocorre com você, também? Às vezes, estamos tão aflitos e sobrecarregados, que precisamos inicialmente, de "um aquecimento" – emprestando um termo utilizado no exercício físico –, para entrar em relaxamento da tensão muscular do corpo, ouvindo músicas suaves e reconfortantes; só então, depois de algum espaço de tempo, pela oração, conseguimos que a fé flua de nosso *EU Profundo*.

É óbvio que orar não tem sentido de mera repetição mecânica de palavras, sem qualquer manifestação de sentimentos. Deve ser o momento em que entramos em sintonia, mesmo que seja em lampejos, com o *Cristo Interno*; é por meio da meditação e do mergulho em nosso Mundo interior que conseguimos conectar totalmente com o Criador. É o sentido da "fé do tamanho de um grão de mostarda", como ensinou Jesus.

E para orar não há necessidade de solenidade, templos religiosos, rituais, ser filiado a uma crença. É bem simples, basta recolher-se nos aposentos da alma e "em secreto" falar com Ele. É um diálogo do filho com o Pai. Abra o seu coração e fale tudo que deseja, sem qualquer constrangimento... Deus dá a todos nós as mesmas possibilidades, pois, partindo de um mesmo ponto, fomos criados "simples e ignorantes", isto é, sem experiências, portadores da mesma potencialidade para ser desenvolvida na árdua jornada para o infinito, ao longo das milenares encarnações.

O que importa é transformar em hábitos a prática da oração. Não importa o local, pois, para falar com Ele, o templo é o da alma. Dirigindo um carro; numa fila de ônibus; nos momentos ociosos da mente e, em especial, à noite antes de dormir, e pela manhã, começando o dia à luz da oração. Reservamos um espaço de tempo diário para o contato com *Deus interno*. Experimente nos momentos de dificuldades orar intensamente, mas não pare até conseguir a perfeita sintonia com Ele. O seu "eu" transforma-se no canal pelo qual fluem o Amor, Beleza, Harmonia, Paz e a Inteligência de Deus. À medida que o Espírito evolui, melhorando a sua condição espiritual, o *EU divino* se expressa na mesma proporção. A oração é o grande canal em que o Espírito, por esforço próprio, vai gradativamente conseguindo a sintonia verdadeira com o Cristo interno, ou o Reino de Deus.

Às vezes, ligando os nossos canais de televisão,

paramos em algum desses programas religiosos, que, aproveitando das carências culturais e sociais de nosso povo, prometem tudo, por simples "passe de mágica", desde a prosperidade terrena, até as bem-aventuranças eternas no reino dos céus, desde que venham a aderir àquela crença. As promessas são inúmeras e devem ser conseguidas pela fé. É comum ouvirmos dos pregadores: "Se você comparecer hoje, em nosso templo, participará de uma poderosa oração de cura e haverá muitos milagres". Tudo vai depender da fé íntima da criatura necessitada. Mas não é uma prerrogativa daquela religião. "A lei da fé opera em todas as religiões do mundo, sendo esta a razão de serem psicologicamente verdadeiras. O budista, o cristão, o muçulmano, o judeu, todos podem obter respostas às suas orações, não por causa do credo em particular, da religião, proselitismo ritual, cerimônia, fórmula, liturgia, encantamento, sacrifícios ou oferendas, **mas unicamente por causa da fé ou da aceitação e receptividade mental daquilo que rezam (grifamos)**. A lei da vida é a lei da fé e a fé pode ser resumida como um pensamento na mente"[5].

Apesar de se ouvir pregações apelativas, repletas de baboseiras, sem nenhum sentido com a lógica racional, com conceitos contrários à ciência e à razão, elas produzem resultados, pois em matéria de fé, vale o objeto de crença, para acordar o potencial divino gravado na consciência individual da criatura. Diante disto, temos de reconhecer a importância que a fé em uma religião – mesmo que seja cega –, promove nas pessoas. Os freqüentadores de uma crença, quando são "tocados" em sua espiritualidade, dão novo roteiro em suas condições de vida, adquirem disciplina, melhoram a auto-estima, harmonizam na vida conjugal, abandonam os vícios.

[5] MURPHY, José. *O Poder do Subconsciente*, p. 9.

A liberdade de crença é uma garantia constitucional, no mundo moderno, sendo em nosso país, pela Constituição, considerada inviolável. Isto quer dizer, que é livre o exercício dos cultos religiosos. Todos têm liberdade de crer naquilo que bem entender, mesmo que seja contrário à ciência. E aí entra a questão da "fé cega", que embora, às vezes, seja totalmente infundada, produz resultados naquele que crê. Neste sentido, *O Livro dos Espíritos* elucida que: "Toda crença é respeitável quando é sincera e conduz à prática do Bem. As crenças reprováveis são as que conduzem ao Mal". E quanto ao sentido de se atentar contra a liberdade de consciência opondo entraves às crenças que podem perturbar a sociedade os Instrutores Espirituais respondem que: – "Podem reprimir-se atos, mas a crença íntima é inacessível"[6]. Dessa forma, a ninguém é dado o direito de interferir na *consciência individual do cidadão.*

Mas essa fé não pode ser titubeante, indecisa, sem a confiança de que alcançará a vitória. Quando temos certeza de que nunca estamos sós, e que o nosso vínculo com esta *Força divina* é real, seremos atendidos de conformidade com a nossa fé. Quem convive com este amparo, pela força da fé, tem sempre certeza da resposta e não vacila. A prece, na realidade, é, em essência, uma conversa íntima de filho com o Pai. "Todo aquele que confia em Deus, mas com reservas íntimas – com dúvidas – é semelhante às ondas do mar que o vento ora leva para frente, ora leva para trás"[7]. Quando não confiamos efetivamente, com dúvidas secretas, não há emissão de energia do *EU Interior* a ponto de efetuar a transformação desejada.

Há uma historieta, denominada **o socorro do céu**[8]

---

[6] KARDEC, Allan. *O Livro dos Espíritos*. Questões: 838 e 840.

[7] Tiago, 1:6.

[8] SIMONETTI, Richard. *Uma Razão para Viver*, p. 88.

que, de forma simples e singela, nos mostra que a oração feita com fé, liga a criatura ao Criador em seus pedidos.

Montado em seu belo cavalo o rico fazendeiro dirigia-se à cidade, como fazia freqüentemente, a fim de cuidar de seus negócios. Nunca prestara atenção àquela casa humilde, quase escondida num desvio, à margem da estrada. Naquele dia experimentou insistente curiosidade.

Quem morava ali?

Cedendo ao impulso, aproximou-se. Contornou a residência e, sem desmontar, olhando por uma janela aberta, viu uma garotinha de aproximadamente dez anos, ajoelhada, mãos postas, olhos lacrimejantes..

— Que faz você aí, minha filha?

— Estou orando à Virgem Maria, pedindo socorro...

Meu pai morreu, minha mãe está doente, meus quatro irmãos têm fome...

— Que bobagem! O Céu não ajuda ninguém! Está muito distante... Temos que nos virar sozinhos!...

Embora irreverente e um tanto rude, era um homem de bom coração. Compadeceu-se, tirou do bolso boa soma de dinheiro e o entregou à menina.

— Aí está! Vá comprar comida para os irmãos e remédio para a mamãe! E esqueça da oração!...

Isto feito, retornou à estrada. Antes de completar duzentos metros, decidiu verificar se sua orientação estava sendo observada. Para sua surpresa, a pequena devota continuava de joelhos.

— Ora essa, menina! Por que não vai fazer o que recomendei?

— Não lhe expliquei que não adianta pedir?

E ela, feliz, responde:

— Estou apenas agradecendo. Pedi ajuda à Virgem Maria e ela enviou o senhor!

Eis aqui um exemplo, embora numa história – Jesus era exímio contador de histórias – em que o objeto de fé da criança era a Virgem Maria. Mas, e se não fosse? Digamos que se estivesse orando para Jesus, para Santo Expedito – tão em voga hoje no meio católico –, ou para um espírito em quem confiasse e no qual depositasse suas esperanças? Seria ela atendida? Fora do mundo cristão o budista, o muçulmano, o judeu obtêm também respostas à sua oração? Se esta menina tivesse sido educada, numa dessas três grandes linhas religiosas, sua fé teria o mesmo efeito?

Ratificamos o conceito expedido anteriormente que: "Quer o objeto de sua fé seja verdadeiro ou falso, os efeitos obtidos serão os mesmos"[9]. A fé está presente em todos os seres e todos podem obter respostas às suas preces, mas não em função do credo a que pertençam, e sim em razão da aceitação e receptividade mental naquilo que acreditam. "Seja feito de acordo com a tua fé, pois tudo que pedirdes em oração, crede, obtereis", asseverou Jesus.

Não é assim que ocorre quando oramos para outras pessoas? A ciência tem demonstrado que a fé cura mesmo à distância. A mente subconsciente do emissor atuando através da Mente Universal atinge a mente subconsciente do receptor, isto é, para quem estejamos lançando "preces". Isto não é novidade, quando se fala da telepatia, aceita pela ciência; sabe-se que alguém pode transmitir a outrem mensagens, por emissão do pensamento.

Foi realizado um estudo considerado único sobre a força da oração, que impressiona mesmo aqueles que só têm fé na ciência. "Conduzido pela psiquiatra americana Elisabeth Targ, ele consistiu em acompanhar 20 pacientes com aids. Divididos em dois grupos, só um deles foi alvo de preces de um grupo de oração. Passados seis meses,

---

[9] Ver lição 7, deste livro.

40% dos doentes que não haviam recebido nenhuma prece tinham morrido, enquanto não houve nenhuma morte sequer entre os que foram lembrados nas rezas. O mais incrível é que os sobreviventes nem sabiam que alguém estava orando por eles".[10]

Não resta dúvida que, quando oramos com fé, emana-se de nosso **EU profundo** poderosa energia que se propaga pela psicosfera atingindo o alvo de nossa oração. "A prece impulsiona as recônditas energias do coração, libertando-as com as imagens de nosso desejo, por intermédio da força plasticizante do pensamento (...)"[11]. É como se uma emissora de rádio ou televisão estivesse transmitindo por suas ondas determinado programa. Todos os aparelhos que estiverem em sintonia, recebem a mensagem.

Do ponto de vista da oração, ocorre de forma semelhante; quando alguém é tocado pela energia da oração, estando na mesma faixa vibratória, recebe a comunicação. É o que certamente teria ocorrido com o fazendeiro, ao receber a súplica da menina. Lembremo-nos que, segundo os textos evangélicos, Jesus era sempre surpreendido em oração. Orava muito (Lucas, 5:16; 6:12; 9:18; 11:1; 22:45), por compreender o grande valor da prece, ensinando-nos, com seu exemplo, que jamais devemos deixar de utilizar esse poderoso mecanismo de contato com Deus. E ele era alguém que já desenvolvera o *Cristo* – perfeição divina – em seu interior!

---

[10] Revista Saúde, Editora Abril, nov. 2003, n.º 242, p. 36.

[11] XAVIER, Francisco Cândido, pelo Espírito Emmanuel. *Pensamento e Vida.*, lição 26.

23. O fanatismo

"No seu aspecto religioso, a fé cega, quando em excesso, leva ao fanatismo". (KARDEC, Allan. O Evangelho segundo o Espiritismo, *Cap. XIX, item 6).*

Já abordamos, neste livro, os diversos estágios da fé – infantil, adolescente e adulta –, enquadrando cada criatura de acordo com o seu estágio evolutivo. Na primeira etapa, encontram-se os Espíritos que, por se situarem ainda na fase infantil, aceitam tudo de forma passiva, sem qualquer exame, tanto o falso quanto o verdadeiro. Isto quer dizer: as criaturas não pensam ainda "por si mesmas", sendo facilmente conduzidas pelas orientações de lideranças. E aí reside o perigo do fanatismo. Encontram-se ainda, presas no "acreditar". A fé na palavra do condutor das almas é aceita cegamente, acatando verdadeiros absurdos como verdades absolutas.

A história está repleta de fatos verídicos de fanatismo em que, comunidades religiosas inteiras, como é o caso ocorrido em Jonestown, Guiana, em 1978, em que todos, por fanatismo religioso, cometeram suicídio coletivo; jovens e crianças que se entregam à morte na certeza de que serão conduzidos imediatamente ao céu, para gozar das benesses do paraíso; destaque-se ainda, os fatos que marcaram a Humanidade: o massacre praticado pelos nazistas contra o povo judeu; a destruição de Hiroshima e Nagazaki; os hediondos crimes cometidos – tudo em nome de Deus! – pela Igreja com as Cruzadas e a Inquisição, e por aí se estendem tantos outros desatinos e barbaridades que enodoam a trajetória do homem neste orbe. Entre tantos fatores, entendemos que o principal é o fanatismo. Seja de origem laica ou religiosa, é ele o reflexo de doença da alma.

Como podemos definir o fanático "senão como um ser em profundo desequilíbrio interior, em declarada colisão com o mundo em que vive. Ele é incapaz de aceitar aquele que pensa e sente a realidade de forma diferenciada da sua. O fanático não tolera a diferença e, muito menos, a indiferença para com seus princípios, que considera uma verdade absoluta, mesmo que venha com o discurso do 'ninguém é dono da verdade'. Mas o fanático é o 'dono da verdade'. Ele tem 'a verdade' nas mãos e se imagina um eleito, um ser diferente dos demais". Tomemos cuidado com eles![1]

Parece-nos, contudo, que o ponto nevrálgico da discórdia está no lugar onde nunca deveria estar: a religião. Onde há religião nasce o fanatismo e, conseqüentemente, eclodem guerras em que irmãos destroem irmãos, em "nome de Deus". Desde que o mundo é mundo, os homens brigam entre si, disseminando a discórdia e desarmonizando o planeta. Cada religião defende com "unhas e dentes" os dogmas de sua doutrina, como sendo as únicas detentoras da verdade que conduzem o homem a Deus. Ora, Deus é um só, e por falta de conhecimento das demais religiões, os seguidores de uma determinada crença, só conhecem a sua, e por falta de visão universal, se arvoram em serem os únicos que conhecem a Verdade. Aí começam as

[1] LARA, Eugênio. *Site*: www.pense.com. br. Centro de Pesquisa e Documentação Espírita (CPDoc), 17/01/2002.

disputas, como se Deus fizesse acepção de crenças.

Precisamos ser tolerantes com os seguidores de outros credos, pois, assim como queremos ser respeitados em nossa individualidade, todos têm, também, o mesmo direito de pensar da forma que bem entender; se isto não acontecer, nunca se chegará a lugar nenhum, pois ninguém é igual a ninguém: somos todos diferentes! Cada "um é um" em seu estágio evolutivo. Não é possível amarrar as pessoas para que pensem sempre da mesma maneira; isto é impedir o progresso intelectual, moral e espiritual. Mesmo dentro de uma determinada religião, seus membros apesar de respeitarem os cânones no geral, divergem no específico, sendo, portanto diferentes. Vivem sob o mesmo dogma, mas diferentes em razão da maturidade. Às vezes não se manifestam suas divergências por respeito aos demais, ou então, para não serem excluídos daquele grupo.

O mundo assistiu aterrorizado em 11/09/2001 ao ataque às Torres Gêmeas, nos Estados Unidos, com a destruição absurda de inúmeras vidas "inocentes", que ali trabalhavam, deixando patente que o fanatismo é um dos mais perniciosos inimigos da Humanidade. É a doença da intolerância e de espírito de sectarismo religioso que solapa, em nome dos princípios ético-morais de determinadas religiões ou de correntes do pensamento humano, a harmonia e a paz entre os homens.

A Revista Veja[2], trouxe-nos, em uma de suas edições, uma reportagem que mostra bem a face cruel deste fanatismo religioso. Entre os muçulmanos – de interpretação fundamentalista do Alcorão – existe uma prática religiosa de auto-flagelação para relembrar a passagem de um fato histórico ocorrido com um profeta

[2] Revista Veja. Edição 1859, Ano 37, n.º 25, p. 104.

de linha consangüínea de Maomé. A televisão tem mostrado, constantemente, homens e mulheres, em atos públicos, se auto-flagelando, por ocasião desta homenagem. Uma foto estampada de uma mãe, num ato religioso, flagelando o seu filho na cabeça, chocou o mundo todo. Para isso, a mãe, utilizando-se de um facão bate na cabeça da criança e o sangue escorre pelo rosto e por uma toalha colocada em volta do pescoço.

A escritora Lya Luft, em crônica à revista, assim comenta: "Contemplo na revista a foto de um menino bem pequeno no colo de sua mãe, que o flagela até tirar sangue (muito sangue) por fanatismo religioso. O menino olha o fotógrafo – e, portanto, é como se olhasse, eu do outro lado do mundo sem saber. Me vem à mente imediatamente a questão de Deus, dos deuses. Questão inesgotável, por encerrar o sentido desta nossa aflita existência. Daquela a gente não sabe quase nada – o que pode ser bom".

Fato como este retrata o fanatismo, fruto da fé cega; a Doutrina Espírita explica que isso em nada contribui para a felicidade do homem. No capítulo V da terceira parte – Lei de Conservação – de *O Livro dos Espíritos*, Kardec pergunta às Entidades Superiores:

Questão 725: O que pensar das mutilações operadas no corpo do homem ou dos animais?

R – Qual a utilidade de uma questão dessa natureza? Perguntai-vos, então, mais uma vez, se tal coisa é útil. O que é inútil não pode ser agradável a Deus, e o que é prejudicial sempre Lhe é desagradável. Pois, sabei bem, Deus só é sensível aos sentimentos que elevam a alma até Ele. É praticando a sua lei, em vez de violá-la, que podereis libertar-vos da tirania de vossa matéria terrena.

Depois nas questões seguintes (726-727), os

Espíritos alertam que muito mais importante para o progresso do Espírito, ao invés de macerar o corpo é, de preferência, trabalhar pelo bem dos semelhantes, sufocando o egoísmo e eliminando o nosso orgulho.

Muçulmanos fanáticos fogem como o "diabo da cruz" dos valores do ocidente, que segundo eles, desrespeitam os ensinamentos de Allah; cristãos de pensamentos diferentes – católicos e protestantes – digladiam-se entre si, principalmente na Irlanda, onde ocorrem constantemente guerras fratricidas, em razão de diferenças de pensamento religioso e também com forte cunho político-econômico; judeus e palestinos, desde há longos anos, vivem em eterna e sangrenta luta, que parece não ter fim, talvez por causa do petróleo no Golfo Pérsico; na seara Espírita há divisão de entendimento entre espíritas-cristãos e a Cepa – Confederação Espírita Pan-Americana – que adota o Espiritismo laico, ou seja não-religioso. "Durma-se com um barulho desses!"

Ainda bem que, para se falar com Deus, não estamos dependentes de religião nenhuma, de líderes, de templos, de rituais, de liturgias etc. Basta que se entre nos aposentos da alma, e, fechando a porta, em secreto, falemos com Ele; afinal, o Reino de Deus não está lá fora, mas dentro de cada um de nós. E ainda mais, Deus é Espírito, e é em espírito que deve ser adorado. Ofertamos ao leitor a história do religioso que queria encontrar Deus, de nosso livro, "Nascer de novo, para ser feliz".[3]

"Conta-se que um cristão estava à procura do endereço de Deus. Na oração do Pai Nosso sabia, somente, que Ele estava no céu; intrigado, resolve em excursão mental, na reflexão do pensamento, questionar a si mesmo, qual é o endereço de Deus?

---

[3] BOBERG, José Lázaro. *Nascer de novo para ser feliz*, p. 23-24.

Divagando, em viagens de meditação, pelas asas do pensamento, chega inicialmente a Adão[4] *, o primeiro homem, e pergunta-lhe, pelo endereço de Deus. Sua resposta é que Ele se encontra no Éden. Chegando lá O encontrará, informou. Mas como chegar a esse Jardim do Paraíso, se o senhor foi expulso de lá. Adão então responde: Bem, acho que não sei...*

Resolve visitar Abraão. O senhor, como pai da fé, ensina-me onde encontrar Deus? Bem, diz, o profeta: Quando precisava encontrá-Lo erguia um altar, sacrificava um animal e esperava por Ele. Às vezes vinha, às vezes não. Não conheço o seu endereço!

Chega, nessa peregrinação mental, a Moisés e pergunta: O senhor que teve contato com Deus em vários momentos, certamente conhece o seu endereço... — É claro que conheço. Ele está no Tabernáculo construído no deserto. Mas, quando os israelitas entraram na terra de Canaã, o Tabernáculo foi destruído. Onde está Deus, hoje, não sei — respondeu Moisés.

Desanimado, o religioso nessa linha de cogitações, chega a Salomão. — Senhor, onde se encontra Deus? Salomão responde, que Deus habitava o Templo que mandara construir. Aí o povo orava e Deus respondia suas orações. — Onde está o Templo, questionou o religioso? — Foi destruído, seiscentos anos antes de Cristo, pelos babilônios. Hoje, não tenho o endereço de Deus!

Procura, então, por João Batista. Ele responde, de pronto: — Vá a Jesus. Ele é o endereço de Deus. — De modo que, o excursionista saiu à procura de Jesus, pois, onde ele estivesse, aí seria o endereço de Deus. Mas Jesus morreu, materializou-se aos seus amigos e depois não apareceu mais. — Onde habitar Jesus, habita Deus. Mas, onde é o seu endereço?

---

[4] "Segundo o Ensino dos Espíritos, é uma dessas grandes migrações, ou se assim o quisermos, uma dessas colônias de Espíritos, vindos de outra esfera, que deu o nascimento à raça simbolizada na pessoa de Adão, a qual por essa razão é denominada de raça adâmica". Kardec, Allan. A Gênese, Cap. XI, item, 38.

Veio, então a resposta de Jesus, na tela de seu pensamento: "Eu orarei ao Pai e Ele vos mandará outro Consolador, para que fique eternamente convosco, o Espírito de Verdade, e que nesse dia saberão que eu estou no Pai e o Pai em mim e que eu estarei com vocês e vocês estarão comigo".[5] *Dessa forma, o Espírito de Verdade traria a compreensão sobre o endereço de Deus: "o Reino de Deus (seu endereço) está dentro de vós".*[6]

E, gradativamente, desperta no religioso a resposta ao seu questionamento; o endereço de Jesus é o de Deus, por tê-Lo encontrado dentro de si mesmo, e que, Ele também está dentro de toda criatura, bastando encontrá-Lo. Essa a razão,[7] *por ter afirmado Jesus: "E, Eu e o Pai somos um" (...).*

O fanático não vê, ou melhor, só vê o que faz parte de seu mundo. Em qualquer faixa do entendimento humano – política, religião ou área cultural –, o fanatismo é vesgo, unilateral e destrói tudo que lhe contraria, tornando-se, portanto, um óbice para o progresso. Apresentam-se como os únicos donos da verdade. É preciso estar atento com os fanáticos. Eles são doentes e atacam até às escuras, destruindo os que não perfilham no seu entendimento.

Mário Vargas Lhosa, escritor peruano, comentando os ataques de 11 de setembro de 2001, assim descreve: "O fanático é fanático porque se sente dono absoluto de uma verdade única, incompatível com qualquer outra e, portanto, com o direito de abolir, valendo-se de qualquer meio, as diferenças, todos os credos e convicções que não coincidam milimetricamente com os seus." E completa dizendo: "O atentado veio nos recordar que o velho inimigo obscurantista continua lá, obstinado, tentando

---

[5] João, 14:15-17 e 26.

[6] Lucas, 17:21.

[7] João, 10:30

sempre, apesar de todas as suas derrotas, fechar o caminho para uma humanidade sem dogmas, feita de verdades relativas, em diálogo e cotejo permanente; em nome de uma só verdade desumana. Nunca cessará a luta contra as cabeças da Hidra, que sempre renascem".[8]

Dias atrás lemos, no Jornal "A Folha de São Paulo[9], manifestação do Papa, aconselhando as mulheres católicas a não se casarem com homens que seguem o alcorão. Para nós, salvo melhor juízo, isto nos ressoa como verdadeiro absurdo. É o fanatismo em que "só o meu é melhor"! Afirma ainda que, as mulheres são as menos protegidas da família muçulmana. É provável que estes conselhos matrimoniais alimentem ainda mais a desconfiança mútua entre as duas maiores religiões do mundo. Diz mais em matéria de discriminação: que se devem insistir que as crianças de casamento inter-religioso sejam criadas como católicas. Outra pérola: Se o casamento for registrado no consulado de um país muçulmano, o católico deve ter o cuidado para não assinar um documento ou fazer uma promessa que inclua a shahada (profissão de fé islâmica), o que seria considerado uma conversão.

Ora, isto é instigar, logo de início, desavenças no casamento, impedindo harmonia na felicidade conjugal. Que o casal se entenda em termos de fé religiosa e sejam "felizes para sempre!" Imagine se Deus, que é amor, está preocupado com as "picuinhas" e interesses das igrejas, em detrimento da felicidade da união do casal. Quando se aborda: "casai e multiplicai", não se vincula à igreja alguma, mas que, em razão do amor, se unam em espírito.

Do ponto de vista ético-moral, há casos em que é

---

[8] LHOSA, Mario Vargas (escritor peruano). O Estado de S. Paulo (25/11/01).
[9] Folha de São Paulo, dia 15/05/04.

preferível ser ateu, mas que se cumpra com suas obrigações, ame o seu semelhante, apresente-se como um homem de bem, do que ser fanático religioso, que, por ser fanático, é egoísta, mesquinho e presunçoso de ser dono exclusivo da verdade. "Se alguém disser, que ama a Deus, mas odeia o seu irmão, é um mentiroso. Pois aquele que não ama seu irmão, a quem viu, como pode amar a Deus, a quem não viu?"[10]. O fanático religioso, quando não odeia os que pensam diferente de sua religião, pelo menos, não os ama. Diz amar a Deus, mas despreza o seu irmão, que perfilha com ele no dia-a-dia. É um contra-senso. Por não pensar como ele, em matéria de crença, diz que a pessoa está "condenada" por Deus. É absurdo? Mas é assim que pensam. Certa vez, uma autoridade religiosa, de alta hierarquia, disse-nos, após diálogo que mantivemos, que nós já tínhamos perdido "a graça" de Deus! Isto porque, como Espírita, argumentávamos de forma diferente de sua maneira de pensar.

---

[10] 1 João, 4:20.

24. Andando sobre a água

"Homem de pequena fé, porque duvidaste?"
(Mateus, 14:31).

Aqui temos duas posições a serem tomadas, quanto à afirmação de que Jesus caminhara sobre o mar. Pela fé cega ou pela fé raciocinada. Primeiramente é preciso deixar claro que, o único escritor que registrou esta história de que Pedro tentou andar sobre o mar, para encontrar-se com o Mestre, é Mateus. Marcos cita que Jesus caminhava sobre o mar[1], mas omite a cena pitoresca de Pedro imitando o Mestre e que por *falta de fé*, afundou-se, literalmente. Pergunta-se: Por que Marcos, Lucas e, nem mesmo João – o discípulo amado –, que conviveu com o Mestre foram omissos em contar essa história de Pedro? Dá-se a impressão que se trata de uma interpolação pelos copistas dos textos.

Assim, de duas, uma: Ou o fato não ocorreu, tratando-se de mais uma parábola contada ou se ocorreu não foi da forma como consta nas anotações de Mateus[2]. Ora, "andar sobre as águas do mar", seria um milagre inusitado que se espalharia por todo o povo e jamais deixaria de ser relatado por nenhum escritor, pela

---

[1] Marcos, 6:48.
[2] Mateus, 14: 28-31.

singularidade do fato! Como a Doutrina Espírita não aceita milagre, por ser contrário às Leis da Natureza, somos de opinião de que tal fato não aconteceu, no sentido literal do texto, tratando-se de uma alegoria, entre tantas que constam, tanto no Velho como no Novo Testamento. Ademais, os outros escritores não deixariam passar em branco um fato inédito como este. Grande número de intérpretes tem relutância em aceitar o milagre tal como aparece no texto. Aceitar literalmente o texto, como relato de um fato acontecido, com todo respeito, é permanecer na "doce simplicidade da fé".

Remover montanhas (vencer grandes dificuldades), subir ao monte para orar (buscar dentro de si elevação espiritual), retirar-se para um lugar deserto (buscar os aposentos da alma), transformar água em vinho (água = escrituras, e vinho = sabedoria), multiplicar pães (multiplicar o alimento para a alma), lavar as mãos (ritual de gestos antes das refeições) passar pelo fundo da agulha (uma porta no muro de Jerusalém), e tantas outras expressões proverbiais utilizadas pelos escritores dos Evangelhos, cujas essências precisam ser desveladas para não ficarmos apenas na periferia da idéia. Da mesma forma, a expressão, "caminhar sobre o mar", não pode ser interpretada ao pé da letra, isto é, em sua literalidade, sob pena de não saborearmos o "espírito" da mensagem. O que importa não é a *forma*, mas o *fundo*, ou seja, a idéia real que o texto quer transmitir.

Não resta menor dúvida que, para aqueles que vêm o texto bíblico, como "Palavra de Deus", Jesus andou sobre a água e convidou Pedro a fazer o mesmo, o que afinal, por falta de fé – *homem de pouca fé*, teria dito Jesus –, acabou dando um vexame danado, afundando-se *literalmente*. Dizem alguns dogmáticos que Jesus andou sobre o mar, porque ele é Deus e podia fazer "milagres". Primeiro, respondemos que Jesus não era Deus, mas sim, tal como nós, filho; era porém especial, pois era mais evoluído espiritualmente, ou, na expressão dos Espíritos Superiores, *o guia e modelo da Humanidade*. Segundo, Jesus não veio à Terra para fazer "milagres", derrogando as Leis de Deus. Tinha sim, um projeto muito maior e mais sublime – do que ser "milagreiro" –, que era ensinar à Humanidade a encontrar Deus, não nos templos de pedra, mas dentro de si mesma. Afinal, o Reino de Deus está na intimidade de cada criatura...

Allan Kardec, o bom senso encarnado, ao escrever *O Evangelho segundo o Espiritismo*, assinala que os assuntos contidos nos quatro evangelhos canônicos podem ser divididos em cinco partes: As ações comuns da vida do Cristo, os milagres, as predições, as palavras que serviram para estabelecer os dogmas da Igreja e o ensinamento moral. Deixou de lado as quatro primeiras partes – incluindo, portanto, os "milagres", tão explorados pelas crenças religiosas, em razão das controvérsias –, para se concentrar, tão-somente, no ensinamento moral, cujos conteúdos por serem universais, permaneceram inatacáveis.

Aparentemente, só a Doutrina Espírita não aceita literalmente essa passagem. No entanto, analisando os diversos intérpretes, em várias obras, registramos a citação de Robert H. Mouce, em publicação da Editora Vida, portanto da linha evangélica, enfatizando: "Às vezes o incidente – andar sobre as águas –, é considerado uma parábola dramatizada da carreira de Pedro (isto é, em seu orgulho, ele caiu e precisou ser socorrido e restaurado por Jesus). Elaborações de eruditos cristãos a respeito da história enxergam **o barco** como sendo a igreja, **o mar**, o mundo hostil, e **Jesus descendo do monte**, como Senhor ressurgido que vem afastar os temores da igreja atribulada" **(grifos nossos)**.[3]

---

[3] MOUCE, Robert H. *Novo Comentário Bíblico Contemporâneo*, p. 156.

Interpretando, alegoricamente o texto, também entendemos, como o citado autor, de que se trata de uma "história dramatizada", que se refere sobre as incertezas, angústias e falta de fé de Pedro, no início de seu apostolado. Os evangelhos citam constantes questionamentos de Pedro – e demais apóstolos –, a Jesus sobre o sentido da Boa Nova. No episódio, consta-se que **Pedro, descendo do barco, andou sobre as águas para ir ter com Jesus**; diz o texto que, **ao sentir a força do vento, Pedro perdeu a coragem. Começando a afundar, clamou: Senhor, salva-me!** Jesus imediatamente estendeu a mão e o segurou, dizendo: **Homem de pequena fé**. Ora, Pedro era pescador profissional, dono de barco, acostumado às intempéries – obviamente deveria saber nadar –, não iria aprontar o vexame de pedir para Jesus salvá-lo do afogamento!

É preciso interpretar a parábola como uma alegoria. Ademais, Jesus nada deixou escrito. Os textos foram elaborados quase meio século após a sua morte física; e as histórias contadas através dos tempos foram infladas no processo oral. Diz o provérbio popular: "Quem conta um conto, aumenta um ponto!". Saliente-se ainda, que o texto de Mateus foi escrito para os judeus, no intuito de convencê-los de que Jesus era o enviado, tanto que é "amarrado" com inúmeras citações do Velho Testamento, destacando que Jesus era o Messias prometido ao povo.

Pelos oceanos da vida, muitas vezes, sentimo-nos como um barco à deriva, diante da impetuosidade das tempestades, dos tormentos do mundo, dos açoites do vento forte das emoções em desalinho. São os "testes" necessários no processo de iluminação. Começar a afundar é quando nos desequilibramos, afastando-nos das Leis de Deus. Andamos sobre as águas, mas ainda distante da "Água da Vida". Perder a coragem faz parte do processo de aprender; somos ainda – temporariamente – **homens de pouca fé**. No entanto, pelas experiências adquiridas, através dos tempos, no momento certo, mergulharemos nas águas profundas do nosso EU, e sintonizaremos com Deus; e a fé que é fruto de aquisição pessoal exteriorizar-se-á em nossas ações, colocando-nos em condições de enfrentar as adversidades. E então, naturalmente, cresceremos!

Há um conto, de autor desconhecido, que nos mostra as conseqüências da FALTA DE FÉ, em nosso roteiro de vida, e que merece uma profunda reflexão.

Conta-se que um alpinista, desejoso de superar mais e mais desafios, resolveu, depois de muitos anos de preparação, escalar o pico mais alto da América do sul: o Aconcágua.

E porque queria a glória só para si, decidiu fazer a escalada sozinho, sem nenhum companheiro.

No dia marcado lá estava ele ao pé da cordilheira dos Andes, onde iniciaria a difícil subida. O que ele não esperava era que a neblina lhe dificultasse a marcha, mas isso foi inevitável.

E como o alpinista não tinha se preparado para acampar, foi subindo, com a disposição de alcançar o topo. Foi ficando cada vez mais tarde até que escureceu completamente. Não se via absolutamente nada. Não havia lua nem estrelas, só a escuridão como o breu.

Quando o alpinista estava há apenas cem metros do topo, pisou numa pedra falsa, escorregou e caiu... Foi caindo numa velocidade vertiginosa e nada mais enxergava do que a escuridão à sua volta. Sentia uma terrível sensação de estar sendo sugado pela força da gravidade. Continuou caindo até que sentiu um puxão forte que quase o partiu pela metade...

Como todo alpinista experimentado, havia cravado estacas de segurança com grampos, e amarrado uma corda comprida na cintura. Naqueles momentos de silêncio, suspenso no ar, em completa escuridão, pensou em Deus e resolveu lhe pedir ajuda.

— Oh, meu Deus, me ajude!

De repente, ouviu uma voz grave e profunda que parecia lhe falar nas profundezas da alma: o que você quer de mim, meu filho?

— Salve-me por favor – respondeu mentalmente.

E a voz insistiu: você acredita mesmo que eu possa salvá-lo?

— Eu tenho certeza, meu Deus. – Falou o alpinista desesperado.

— Então corte a corda que o mantém pendurado, recomendou a voz.

O homem ficou por um momento em silêncio e depois se agarrou à corda com todas as suas forças. Conta a equipe de resgate que, no outro dia, o alpinista foi encontrado morto, congelado, agarrado com as duas mãos na corda que o mantinha suspenso, há apenas dois metros do chão...

Sua fé era ainda titubeante, não confiava efetivamente em seu Poder Interior. Estava, como Pedro, na história, ainda andando sobre a água, sem "mergulhar" conscientemente na Água da Vida, que é a Fonte Divina dentro de nós, em nosso coração. Afinal, a fé é conquista íntima mediante a sintonia com Deus na nossa intimidade. Não se conquista de graça. É fruto de muito esforço, experimentando os mais diversos obstáculos pelos vendavais da vida. E você, confia a tal ponto em Deus, que é capaz de soltar a corda? Ou você ainda confia, desconfiando? Pela resposta, você é capaz de avaliar em que estágio da fé se encontra, neste momento. Não se preocupe, se você disser que também não largaria a corda. O tempo sendo infinito é educador sereno que, pacientemente, nos aguarda a conquista da fé, a ponto de um dia dizermos com Jesus – após muitas estradas percorridas pelos caminhos das existências sucessivas: Eu e o Pai somos um!

25. Nossos sonhos

"Quando acrescentamos fé aos nossos sonhos, nós os alimentamos e eles tornam-se realidade". (Helmstetter Shad. *A essência da fé* – Programação Neurolingüística, p. 85).

Reservamos para esta última lição, após a análise sobre o extraordinário poder da fé em nossas vidas, uma reflexão sobre o seu poder em nossos sonhos. Quando colocamos este potencial divino a nosso serviço, passamos a confiar mais em nós mesmos, lutar pelos nossos ideais e pela concretização de nossos sonhos. Está em nossas mãos uma força que nem sempre sabemos avaliar.

Sonhar é algo natural, fazendo parte de nossa própria natureza humana. Não nos referimos aqui aos sonhos durante os sonos, mas dos sonhos que ocorrem quando estamos acordados, de olhos abertos. São aqueles que dependem de nosso trabalho, da fé e da persistência para a transformação dos sonhos em realidade. Tudo que vemos no mundo, na realidade, é a materialização de nossos pensamentos, que se transformam em "sonhos". Você mesmo, já criou muitos "sonhos", não é verdade? Alguns, pela força de sua persistência, transformaram-se em realidade. Outros, bem, outros, em razão de seus desejos não estarem fortemente alimentados pela fé, não deram certo.

Se você tem "um sonho", não deixe que ele morra,

mesmo que os outros digam que "não vai dar certo", ou que, "isto está muito além de suas possibilidades". Você é seu melhor engenheiro na realização de seus sonhos. Ninguém pode fazer isto por você. Se quiser atingir o objeto de seu sonho, ouça a voz da Consciência, que está sempre ao seu lado, ajudando-o naquilo que é o seu ideal. Portanto, não desanime! Vá em frente, não importa o que você foi, ou, o que é agora, o que aconteceu no passado, coloque fé em seus sonhos e a energia fluirá de sua Usina Interior, colocando em ação os seus potenciais. "A maior glória não é ficar de pé, mas levantar-se cada vez que se cai", afirmou Confúcio.

O pastor norte-americano Jones Stanley já dissera uma grande verdade ao recomendar: "Devemos orar como se tudo dependesse de Deus, e trabalhar como se tudo dependesse de nós".

Isto nos remete a Ruy Barbosa quando declara na famosa Oração aos Moços (texto lido por outro orador porque o gênio baiano estava, como sempre, meio doente, não podendo comparecer à formatura dos estudantes de Direito, em São Paulo – Capital, em 1920):

— "A oração e o trabalho são as duas alavancas que impulsionam o progresso humano. Deus inicia e a criatura completa a sua criação".

Diz-se que, tudo aquilo que pedimos em oração – menos dias ou mais dias – acaba acontecendo. "Graduada, desde o mais simples desejo, a exteriorizar-se nos mais ínfimos seres, até a exaltação divina dos anjos, nada se faz na Terra sem o impulso da aspiração que orienta o passo de todas as criaturas[1]... Assim, nossos "sonhos", quando vitalizados pela fé, na verdade, são orações ao nosso EU divino, em que a força de nosso potencial é acionada em busca da concretização. Pode ser que o resultado de nossos sonhos, não seja de imediato; às vezes demoram-se anos, no entanto, uma

[1] XAVIER, Francisco Cândido, pelo Espírito Emmanuel. *Pensamento e Vida*, lição 26.

vez alimentados pela fé, eles tornar-se-ão verdade. Afinal, somos Espíritos imortais, e o que não se concretiza agora, fica gravado em nossa consciência e, um dia, acaba acontecendo, senão nesta, mas nas próximas existências.

Despontando-se em alguns, desde o nascimento, leva as pessoas, desavisadas, atribuírem certos "dons" como "benesses" de Deus, concedidas pela "graça" a alguns privilegiados, em detrimento de outros; tudo muito simples se a Justiça Divina funcionasse de acordo com nossa óptica. No entanto, Deus não faz acepção de pessoas, dando a todos as mesmas condições, para que, através do processo evolutivo, cada um venha a ser o engenheiro de sua própria conquista.

Na verdade, como nada se perde, tudo que se plantou na memória eterna do Espírito continua vivo em cada um de nós, aguardando tão-somente o "momento" certo para desabrochar; somos herdeiros de nós mesmos. O que trazemos ao nascer, são depósitos de nossas aprendizagens, embora com mudança de veículo de manifestação, pelas milenárias existências. Não existe milagre nem privilégios; somos frutos de nossa própria construção, ao longo da eternidade.

Quantas crianças que já nascem, trazendo no cerne da personalidade, tendências para determinadas atividades, totalmente diferentes de seus pais, destacam-se desde o início na música, na pintura, nas ciências etc., oferecendo contribuições para a Humanidade. Estas tendências eclodem como "sonhos" que estão prestes a realizar, mas que ficaram aguardando o tempo certo para frutificar.

Quando Jesus afirma que *a fé remove montanhas*, ele se refere à confiança que cada um deve ter em si mesmo, enfrentando todas as adversidades, seguindo sempre em frente sem esmorecer. Com o desenvolvimento deste potencial, por conseqüência, cremos em nós mesmos, amamos aquilo que desejamos e luta mos, persistentemente, pelos ideais mais elevados até à materialização de nossos sonhos. O ilustre médico sanitarista patrício Osvaldo Cruz tinha esse lema: "Não esmorecer para não desmerecer".

Chama-se "visualização" a técnica de mentalizar os nossos sonhos, vendo-os pelos olhos da mente, tal como algo que estivesse mesmo acontecendo no mundo material. Assim, se tivermos fé nos sonhos que são mentalizados, fatalmente, eles acabarão se materializando no mundo objetivo. Quando você visualiza a aquisição de algo em sua vida, primeiro ele aparece na mente, como uma substância de um desejo; depois é preciso ir em busca, lutando para a materialização dessa vontade. O importante é colocar nossa fé a serviço de nossos sonhos, procurando torná-los realidade...

A título de ilustração, vamos contar a história de um sonho[2], que, aparentemente aparecia como impossível, aos olhos de terceiros, mas que tornou-se realidade.

> *Ele era um jovem que morava no Centro Oeste dos Estados Unidos. Por ser filho de um domador de cavalos, tinha uma vida quase nômade, mas desejava estudar. Perseguia o ideal da cultura. Dormia nas estrebarias, trabalhava os animais fogosos e, nos intervalos, à noite, ele procurava a escola para iluminar a sua inteligência.*
>
> *Em uma dessas escolas, certa vez, o professor pediu à classe que cada aluno relatasse o seu sonho. O que desejariam para suas vidas.*
>
> *O jovem, tomado de entusiasmo, escreveu sete páginas. Desejava, no futuro, possuir uma área de 80 hectares e morar numa enorme casa de 400 metros quadrados. Desejava ter uma família muita bem constituída. Tão entusiasmado estava, que não somente* ***descreveu****, mas* ***desenhou*** *como ele sonhava a casa, as cocheiras, os currais, o pomar. Tudo nos mínimos detalhes.*
>
> *Quando entregou o seu trabalho, ficou esperando,*

---

[2] *Da equipe de Redação do Momento Espírita, site: www.momento.com.br.,* com base no livro: *Para sempre em nosso coração* – cap. 55.

ansioso, as palavras de elogio do seu mestre. Contudo, três dias depois, o trabalho lhe foi devolvido com uma nota sofrível.

Depois da aula, o professor o procurou e falou: o seu é um sonho absurdo. Imagine, você é filho de um domador de cavalos. Você será um simples domador de cavalos. Escreva uma outra realidade e eu lhe darei uma nota melhor.

O jovem foi para casa muito triste e contou ao pai o que havia acontecido. Depois de ouvi-lo, com calma, o pai lhe afirmou:

— O sonho é seu. Você faça o que quiser. Essa decisão é sua. Persistir neste sonho ou procurar outro.

O jovem meditou e, no dia seguinte, entregou a mesma página ao professor. Disse-lhe que ficaria com a nota ruim mas não abandonaria o seu sonho.

Esta história foi contada pelo dono de um rancho de 80 hectares, próximo de um colégio famoso dos Estados Unidos. A área é emprestada para crianças pobres passarem os fins de semana.

Depois de terminar a história, o dono do rancho se apresentou como o jovem que teve a nota ruim, mas não desistiu do seu sonho. E o mais incrível é que aquele professor, trinta anos depois, tem visitado, com os seus alunos, aquela área especial.

Naturalmente ele identificou no proprietário o antigo aluno e confessou: – fico feliz que o seu sonho tenha escapado da minha inveja. Naquela época eu era um atormentado. Tinha inveja das pessoas sonhadoras. Destruí muitas vidas. Roubei o sonho de muitos jovens idealistas. Graças a Deus, não consegui destruir o seu sonho, que faz bem a tantas vidas.

Desta história você conclui que *ninguém pode sonhar por você*. Não é porque seu pai é médico, advogado ou qualquer outra profissão que você deve seguir sua profissão; os sonhos são deles e não seus! Pode, todavia, ainda ocorrer o contrário: quando os pais não conseguiram – não importa o motivo – materializar os seus desejos, querem a todo o custo que os filhos o façam por eles. São inúmeros os casos de jovens que, após concluírem o curso dos sonhos dos pais, sentem-se infelizes, e partem para sonhos que são próprios. Na história em questão, se o aluno não tivesse fé nos seus sonhos e os trocasse pelos do professor – ou de outras pessoas, tentando corresponder à expectativa alheia – talvez fosse hoje, um frustrado e não seria um homem feliz.

Pense nisso!

Conclusões

Relacionamos, neste final de trabalho, os pontos importantes de cada lição, desenvolvidos sobre a força da fé e, que, certamente, servirão de análise e reflexão para o leitor; salientando-se, todavia, que os problemas decorrentes sobre o assunto, jamais serão esgotados, podendo se constituir em temas de futuras pesquisas ou estudos.

1. A fé é força que nasce com a própria alma e certeza instintiva na Sabedoria de Deus que é a sabedoria da própria Vida.

2. É uma conquista de cada um, a ser realizada no longo caminho evolutivo, empregando, para esse objetivo, reflexão e experiência. Seremos sempre os operários na sua construção.

3. A fé, que é um princípio latente no Reino Interior de todas as criaturas, não se desabrochará de forma espontânea, mas dependerá sempre da ação da *vontade* do agente.

4. Como princípio imanente em todos os seres da Natureza, a fé caminha para sua maturação, *pulsando em todos os seres e vibrando em todas as coisas*.

5. Pouco importa o estágio da fé, ela sempre produzirá resultados naquele que a coloca em ação. Deus não irá atender apenas aqueles que possuem fé adulta, raciocinada.

6. Só existe um princípio universal de cura: A Mente

subconsciente; e um só processo de cura: a fé ou a convicção.

7. A fé verdadeira e genuína é uma convicção íntima de que eu, essencialmente, sou idêntico a Deus, mas que existencialmente, sou infinitamente inferior a Deus.

8. Quando Jesus afirma que, se tiverdes *"fé do tamanho de um grão de mostarda"*, alerta-nos que, quando nos conscientizamos de nossa condição de deuses *in potencia*, aí, por conseqüência, *tudo será possível*.

9. Quando o paciente diz que se curou por ter tomado água benta, ou porque tem fé em determinado santo, ou Espírito, ou ainda, porque carrega determinado patuá, relíquia, fitinha do Senhor do Bonfim etc..., o resultado será sempre o mesmo, quer o objeto de sua fé, seja falso ou verdadeiro.

10. Jesus ao dizer à mulher hemorrágica, *"A tua fé te curou"*, deixou bem claro que não foi ele que a curou, mas imputou o resultado a ela, pela força de sua fé.

11. Deus não faz milagres, porque, sendo suas leis perfeitas, Ele não tem necessidade de as derrogar. Quem cura, cura a si mesmo, pelo poder da fé.

12. A afirmação de Jesus de que *tudo o que pedirdes em oração vos será dado*, identifica-se com a idéia de fidelidade do pensamento, certeza de que o nosso EU Superior dá os frutos, de acordo com o nosso plantio (pedidos), na proporção de nossa fiel convicção.

13. Quando entendemos a mecânica da Vida pelo processo das existências sucessivas, compreendemos porque dois doentes atingidos do mesmo mal, na presença de um curador, um pode ser curado, e o outro não.

14. Não é a participação do cerimonial religioso, com seus rituais litúrgicos, seja lá de qual crença for, que é o mais importante. Ter fé é entrar efetivamente em contato com Deus na intimidade.

15. A fé robusta dá a perseverança, a energia e os recursos que fazem vencer os obstáculos, tanto nas

pequenas, como nas grandes coisas.

16. Uma vez ocorrida a cura, conforme a crença do paciente, pode se alegar que ela foi produzida por Jesus, por Maria, por Buda, pelo santo, pelo espírito, entre outros. No entanto, a cura foi produzida pela própria pessoa. "A tua fé te curou!"

17. Ensina-nos Emmanuel que: "Ninguém pode, em sã consciência, transmitir, de modo integral, a vibração da fé ao espírito alheio, porque, realmente, isto é tarefa que compete a cada um".

18. Se o doente acredita num santo de sua devoção, caso seja católico, cristão, portanto – ou em Buda, se vinculado ao budismo, ou em Maomé, se muçulmano, e se tiver fé, a cura ocorre da mesma forma. Seja feito de acordo com a tua fé, disse Jesus.

19. A fé no potencial divino não depende de templo exterior ou lugares especiais: "Deus é Espírito e importa que os que o adorem seja em espírito e verdade".

20. A fé, tal como o Sol – que distribui os seus raios para todos os seres sem qualquer distinção – está à disposição de todas as criaturas, potencializada na intimidade de cada um.

21. Não há distinção de posição social, grau de intelectualidade, crença religiosa, bons ou maus, justos ou injustos... Todos são beneficiados pela força da fé!

22. Quem possui, mesmo que seja uma migalha de fé, já acendeu alguma luz no portal da alma, devendo assim, auxiliar os infelizes do caminho, que ainda se encontram envolvidos nas névoas escuras do entendimento.

23. No seu aspecto religioso, a fé é a crença nos dogmas particulares que constituem as diferentes religiões, e todas as religiões têm seus artigos de fé.

24. A fé deve ser operosa e aquele que a desenvolveu compreende o seu verdadeiro sentido, aguardando a solução dos problemas no clima do serviço.

25. A lei da fé opera em todas as religiões do mundo;

todos podem obter respostas às suas orações, por causa da fé ou da aceitação e receptividade mental daquilo que rezam.

26. Pela fé cega uma pessoa pode obter resultados de cura sem qualquer compreensão científica dos poderes e forças envolvidas na cura.

27. O efeito placebo, que nada tem a ver com a Espiritualidade, ajuda a explicar o poder terapêutico da fé, pura e simplesmente.

28. O fanatismo é o resultado da fé cega. O fanático, seguidor de uma determinada crença, por falta de visão universal, se arvora em ser o único detentor da Verdade.

29. A dúvida infunde medo e impede a plena conexão com Deus em nossa intimidade. Jesus depois de admoestar Pedro, dizendo ser ele Homem de pequena fé, questiona: Por que duvidaste?

30. Quando acrescentamos fé aos nossos sonhos, eles tornam-se realidade. O importante é colocar nossa fé a serviço de nossos sonhos, procurando torná-los realidade...

Referências bibliográficas

A BÍBLIA de THOMPSON, *Antigo e Novo Testamento*. 2. ed. brasileira. Tradução de João Ferreira de Almeida. São Paulo: Editora Vida, 1992.

A BÍBLIA VIVA, *Antigo e Novo Testamento*. 8. ed. SÃO PAULO: Editora Mundo Novo, 1995.

BOBERG, José Lázaro. *Nascer de Novo Para Ser Feliz*. 3. ed., Capivari-SP: EME, 2004.

DELANNE, Gabriel. *O Espiritismo Perante à Ciência*. 15. ed., Rio de Janeiro: FEB, 1994.

GAMA, Ramiro. *Lindos Casos de Chico Xavier*. 19. ed. São Paulo: LAKE, 2000.

HELMSTETTER, Shad. *A essência da fé*. Lição Tendo fé. 1. ed., São Paulo: Martin Claret, 1997.

MARTINS, Celso. *Mensagem de Esperança*. 8. ed. Capivari (SP): EME 1997

MENDONÇA, Jerônimo. *Crepúsculo de um Coração*. 1. ed., São Paulo: Particular, 1986.

MIRANDA, Hermínio, C. *Cristianismo, a Mensagem Esquecida*. 1. ed., Matão: O Clarim, 1988.

MOUNCE, Robert H. *Novo Comentário Bíblico Contemporâneo*. 1. ed., São Paulo: Vida, 1996.

MURPHY, Joseph. *O Poder do Subconsciente*. Tradução; Pinheiro de Lemos. 42. ed. Rio de Janeiro: 1997.

__________. *Os milagres de sua mente*. 9. ed., Rio de Janeiro: Forense, 1991.

__________. *Orar é a solução*. 14. ed.,Tradução de Luzia Machado da Costa, Rio de Janeiro, 1995.

PASTORINO, Carlos Torres. *Sabedoria do Evangelho*. 3. vol., Rio de Janeiro: Sabedoria, 1964.

__________. *Sabedoria do Evangelho*. 1. vol., Rio de Janeiro:

Sabedoria, 1964.

KARDEC, Allan. *O Evangelho segundo o Espiritismo*, tradução de J. Herculano Pires. 37 ed., São Paulo: LAKE, 1990.

__________. *Obras Póstumas*, Tradução de João Teixeira de Paula, introdução e notas de J. Herculano Pires, 12. ed., São Paulo: LAKE, 1990.

__________. *O Livro dos Espíritos*, tradução de J. Herculano Pires, 73. ed., São Paulo: Lake, 1993.

__________. *A Gênese*. Tradução de Victor Tollendal Pacheco, apresentação e notas de J. Herculano Pires, 20. Ed., São Paulo: LAKE, 2001.

RODRIGUES, Wallace Leal. *E, para o resto da vida...* 5. ed., Matão: O Clarim, 2001.

ROHDEN, Huberto. *Sabedoria das parábolas*. 5. ed., São Paulo: Martin Claret, 1995.

__________. *Assim dizia o Mestre*. 4. ed., São Paulo: Martin Claret, 1994.

SIMONETTI, Richard. *Uma razão para viver*. 1. ed., Bauru: Editora São João, 1989.

SOUZA, César. *Você é do tamanho dos seus sonhos*. 17. ed., São Paulo, 2004.

XAVIER, Francisco Cândido. *Caminho, Verdade e Vida*, pelo Espírito Emmanuel. 15. ed., Rio de Janeiro: FEB, ano 1994.

__________. *Fonte Viva*, pelo Espírito Emmanuel. 19. ed., Rio de Janeiro: FEB, 1994.

__________. *No Mundo Maior*, pelo Espírito Emmanuel. 20. ed., Rio de Janeiro: FEB, 1995.

__________. *Nosso Lar*, pelo Espírito André Luiz. 27. ed., Rio de Janeiro: FEB, 1997.

__________. *Pão Nosso*, pelo Espírito Emmanuel. 16. ed., Rio de Janeiro: FEB, 1994.

__________. *Paulo e Estêvão*, pelo Espírito Emmanuel. 27. ed., Rio de Janeiro: FEB, 1994.

__________. *Pensamento e Vida*, pelo Espírito Emmanuel. 27. ed., Rio de Janeiro: FEB, 2002.

__________. *Vinha de Luz*, pelo Espírito Emmanuel. 12. ed., Rio de Janeiro: FEB, 1993.